HABÍA UNA VEZ

Por Ana Salazar Cabarcos

Copyright © 2012 Ana Salazar Cabarcos
All rights reserved.

ISBN:
ISBN-13:

Agradecimientos

Esta historia la dedico a mis padres, Juan de Dios y Mary, grandes ejemplos de vida, seres humanos ejemplares, amorosos padres y abuelos: personas honestas, trabajadoras, que nos inculcaron el amor a Dios y al prójimo. Mis mejores amigos, confidentes, guías, maestros.

A mis amadas hijas Marifer y Monse, que son mi motor, mi inspiración, mi motivo…

A mi adorada nieta Robyn: una reluciente estrella.

A mis amados hermanos Pepe y Oswaldo, a mi sobrina Ximena y sobrinos Emiliano y Mateo.

Lo dedico en especial a mi hermano que está en el cielo y quien, mientras cumplió su misión de vida , fue mi mejor amigo, el consejero que me animó a seguir tras mis sueños, como lo hizo él a lo largo de su corta pero maravillosa existencia: Gracias Juan de Dios.

La dedicación más importante es para Dios, para Èl todo mi agradecimiento por regalarme la maravillosa aventura llamada vida.

Prólogo

Esta obra es una crónica intemporal que puede suceder en cualquier parte del mundo: que igual puede evocar el hoy, el ayer de la revolución, y por qué no, quizás el mañana.

Las palabras nos conducen con agilidad en el pensamiento y la expresión, a través de personajes imaginarios - ¿o reales tal vez?- , que cimbran, que encantan por su lenguaje sencillo, común, tan conocido para cada uno de nosotros. Es la lucha que se lleva a cabo todos los días, en diferentes idiomas y latitudes, porque la injusticia es algo que se ha encontrado presente a lo largo de toda la historia de la humanidad, es un acto en contra de todo principio humano, violatoria de los derechos humanos, que provoca hambre, miseria, discriminación, ignorancia, intolerancia y en muchos casos, muerte.

El padre de la injusticia es el egoísmo y su hija, la corrupción. La madre de la justicia es la verdad.

La justicia es la búsqueda del bien común y del bienestar conjunto, la injusticia será entonces el beneficio de algunos en pos del perjuicio a otro.

Tampoco podemos engañarnos culpabilizando sólo a las estructuras económicas y políticas por todos los males que le ocurren a la sociedad, apaciguando así nuestras conciencias, y esperando pasivamente el cambio de la economía, de la administración pública o poniendo sobre las espaldas de los gobernantes la solución a todos los problemas. La responsabilidad es individual.

El lector podrá identificarse con uno o todos los personajes, porque serán un reflejo de íntimos anhelos. En la narración existe el amor, sueños compartidos alrededor de hogueras que dejan la ropa oliendo a humo, pasiones humanas y la muerte traicionera que hambrienta, seguirá los pasos de los valerosos rebeldes.

En este preciso momento, en algún lugar del planeta, dos o más hombres están reunidos llenos de esperanza, de valor e ideales listos para lanzarse a la misión de brindarles a sus hijos un mundo mejor… a pesar de su propia vida.

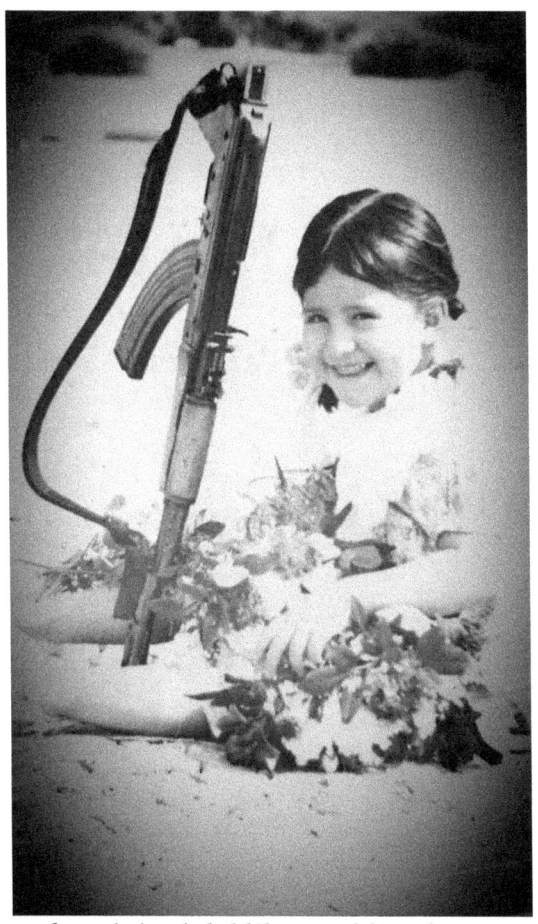

Portada original del libro publicado en 1995.
Marifer

"EN MARCHA"

25 De Febrero

✻ ✻ ✻

Eran la diez de la noche. Hacía un intenso frío y el cielo era tan negro como el destino que allí rondaba. Ni una sola estrella, ni un solo rayo de luz. La luna era cómplice de la soledad y el silencio era roto de vez en cuando por el silbido del viento.

Alrededor de una hoguera, varios hombres conversaban en silencio con las miradas. Se participaban mutuamente del dolor, el frío, la soledad, del hambre, el miedo y un sinfín de sentimientos con sólo clavar la vista unos con otros.

Era evidente que uno de ellos era el jefe del grupo, pues con un simple movimiento de cabeza era obedecido por los demás. Si señalaba al fuego con los ojos, no faltaba quien corriera a poner más leña, con una sacudida de cabeza hacia un lado, sigilosos, iban a sentarse. Cerraba él los ojos y los demás lo imitaban para soñar todos juntos, procurando quedarse dormidos muy rápido, para no ser excluidos del sueño y ocupar presurosos sus lugares dentro de aquella aventura incierta.

El tiempo transcurría pesado, lento, ingrato. El frío envolvía los huesos en un gélido abrazo, la sangre fluía a duras penas como espesa lava y los músculos engarrotados, dificultaban los movimientos. El amanecer desgarraba la noche, conforme pasaban las horas, el cielo se teñía de sol. Los hombres se estiraban, se desperezaban uno a uno, aunque quien los encabezaba, hacía rato que deambu -laba por los alrededores, tratando de ventilar las ideas con el aire puro de la mañana.

Ahora, con la claridad del día, se podía distinguir la identidad del hombre que organizaba al grupo, le llamaban "El Águila", por astuto, veloz, valiente, aguerrido, solitario, por poseer una mirada que dejaría helados a más de dos; petrificados por su fuerza y poder.

- Jefe -dijo uno de los subalternos-, creo que ya es hora de partir. El ejército viene pisándonos los talones y no vaya a ser que nos *madruguen.*
- No te preocupes, Martín, ellos no conocen el terreno tan bien como nosotros. Diles a los muchachos que la tirada de hoy será larga, así que tienen que ahorrar fuerzas.
- Los hombres ya están cansados "Águila".

¿No sería mejor buscar un lugar para escondernos un par de días?
- El tiempo es muy importante, tenemos que llegar cuanto antes a Los Laureles y jalarnos a toda la gente que se pueda, es un pueblo muy grande. Diles a los muchachos que ya habrá tiempo de descansar.

Martín se retiró sin decir palabra alguna, pues sabía que cuando el jefe tenía una idea, no existía nada ni nadie que lo hiciera desistir. Los hombres, resignados, comenzaron a recoger sus pocas pertenencias.

Una roída cobija hacía las veces de colchón, de almohada o de abrigo, incluso de envoltura mortuoria. Un morral mugroso con una lámpara, cerillos, una navaja, una taza de peltre abollada, despostillada, sal, alguna foto de un ser querido y muchos, muchos recuerdos dobladitos como hojas de papel: a veces tantos, que debía abrirse un poco la bolsa para que no reventara. Algunos traían rifles, otros pistolas, la mayoría cargaba cuchillos y machetes. Lo que sí poseían todos por igual era, sin lugar a dudas, mucho valor y coraje.

Ya preparados, avanzaron a la señal de su jefe, "El Águila", quien marchaba orgulloso delante de "sus muchachos" como él los llamaba.

- ¡Martín! ¡Martín! –gritó molesto buscando a su ayudante-, ¿dónde fregados te metes, canijo?..

Martín se abrió paso entre los hombres y se acercó con nerviosismo

- Dígame, patrón…
- ¡¿Dónde andas, canijo desgraciado?! ¿No te he dicho que quiero verte siempre a mi lado?
- Es que… es que… pus quise aprovechar *orita* y "tirar el miedo" de una vez…
- Un día te van a *quebrar* y yo ni cuenta me voy a dar. Ponte *abusado*, pela bien los ojos y para las orejas. Diles que no hablen, que caminen procurando hacer el menor ruido posible.

Así, sin ruido, como si marcharan sobre nubes, partieron rumbo a Los Laureles. Los mosquitos picaban como agujas y el sol comenzaba a subir. Al medio día varios se quejaban diciendo que ya no podían caminar más, pues sus botas, bastante usadas, recogían infinidad de piedritas por los hoyos de las suelas, que jugueteaban causando llagas e hinchazón. Otras suelas despegadas del resto de la bota, asemejaban bocas que a mordiscos se abrían paso entre la yerba, atorándose muchas veces en las raíces que despreocupadas, yacían tendidas al sol en medio del camino.

Se detuvieron un momento a beber agua en un arroyuelo. El líquido reflejaba sus lánguidas caras. Algunos se olvidaron por unos momentos que eran hombres de batalla y se salpicaban entre ellos, dejando escapar las risas, permitiéndole al niño interior salir a refrescarse. Otros se empapaban la cara, abandonándose a la seducción del agua que resbalaba por el cuello, que les acariciaba el pecho.

"El Águila", siempre sereno y distante, se acercó a la orilla del arroyuelo y metió los pies. Parecía hipnotizado por el ruido que hacía el agua en su trayecto.

En el grupo estaba Federico, un joven corpulento con ojos tiernos, melancólicos. Sentía un gran respeto por su líder como todos los demás, sólo que él lo visualizaba como un gran guerrero… así le hubiera gustado que fuera su padre.

- ¿Qué quieres, Federico? –dijo "El Águila" repentinamente al sorprender al joven mirándolo con tanta insistencia- ¿Te puedo ayudar en algo?
- No, nada… yo solo… lo miraba…
- ¿Por qué?
- Porque me gustaría ser como usted, nada

más.
- No tengo nada en especial, soy como todos ustedes... como tú. Vamos tras el mismo ideal, nuestra causa es honesta, queremos un mundo mejor para nuestras familias, un país libre, que prevalezca la ley, la justicia... vamos tras lo mismo, muchacho.
- Sí, es verdad.
- ¿Por qué te uniste al movimiento, Federico?
- Porque no tengo nada que perder. Mi padre murió cuando yo era muy pequeño, mi madre nos sacó adelante como pudo: a mis cuatro hermanos y a mí. La pobre murió hace tres meses de una enfermedad muy rara, según el doctor la podían curar en la capital... ¡*Con qué ojos* la íbamos a llevar hasta allá! Y luego pagar el hospital, las medicinas. Por estar tan fregados se murió la pobrecita. Mis hermanos jalaron cada quien por su lado y la poca tierra que teníamos, nos fue robada. Me quedé sin nada... sin nada...
- No te preocupes –lo consoló "El Águila" poniendo su mano sobre el hombro-, ¡pronto volverás a tener lo tuyo!... –con la mirada

buscó a su hombre de confianza- ¡Martín! ¡Martín!

Martín llegó corriendo secándose con el brazo el agua de la cara.

- ¡Aquí estoy, jefe!
- ¡Vámonos!

"El Águila" se retiró del lugar dejando a Federico inmóvil, feliz por haber compartido un momento con la persona que más admiraba.

Martín organizó a los hombres, se aprovisionaron de agua y se reintegraron a sus brigadas. Los responsables de cada grupo esperaron la señal. "El Águila" pasó lista con la mirada, y al comprobar que estaban prestos, levantó la mano y comenzaron el avance sigiloso. En cierto momento alguien empezó a silbar una canción muy triste que resonaba como un eco por toda la selva. Se olvidaron del cansancio, todos llevaban perdida la mirada, iban ausentes. El aire olía a tortillas, a mole, a carbón, a rebozo, a hijos, al hogar.

De pronto, un hombre lanzó un grito terrible y de inmediato todos regresaron de su viaje imaginario a casa, a la realidad. El caído se convulsionaba en el suelo con rictus de dolor. Nadie se explicaba lo que había pasado y se acomidieron a ayudarlo.

- ¡Lo ha picado una víbora! –gritaba uno.
- ¡Traigan rápido al jefe! –ordenaba otro.

Más tardaron en decir esto cuando "El Águila" ya estaba junto al herido.

- ¡Rápido! Hagan una incisión en la mordedura y chupen hasta que sangre. ¡Tú! –señaló a un hombre que se llamaba Juan- ¡Hazlo con mi cuchillo!

Nervioso, Juan acató las órdenes. Con la filosa arma cortó la piel en el lugar de la mordida, y chupó y chupó hasta quedar morado del esfuerzo. En seguida vendó la pierna y secó el sudor de su compañero con la manga de su camisa. Juan conocía de vista al herido. Le llamaban "El Pulques", personaje gracioso que siempre tenía una frase célebre para cada ocasión.

Era, por decir algo, quien le daba un toque de alegría a las largas caminatas. Algo así como el alma de aquel movimiento insurgente.

Hicieron una camilla con dos ramas y una cobija que se adjudicó un nuevo papel, ya que la amarraron con dos jirones de camisa a los palos y sirvió para transportar al herido al poblado más próximo: Los Laureles.

- ¡Ay, mi general! ¡Se me hace que *ora* sí me *quebro*! -"El Pulques" apretaba fuerte los ojos- ¡*Ora* sí me voy! ¡Me lleva la chingada!
- No digas eso, vas a ver que llegando al pueblo el doctor te va a curar, al rato hasta te vas a estar riendo ¿o qué? ¿ya no eres tan macho como siempre?
- ¡No se haga! ¡Todavía falta *reteharto pa'* llegar al mentado pueblo! Yo he visto morir a muchos por lo *mesmo*…le digo que me voy a *pelar*… si ya hasta lo veo doble…

Reanudaron la caminata y a diferencia de antes, el arrastre de la camilla rompía el silencio con un ruido que semejaba al que hace un disco rayado. La tarde estaba cayendo.

El único alimento que tenían en el estómago era un trozo de tortilla, de ésos que cargaban a montones en el morral. El avance aunque lento era notorio. Aún faltaba mucho para llegar a Los Laureles. El ejército tardaría el doble para darles alcance.

El sol comenzaba a desvanecerse tímidamente tras el horizonte y el frío se apoderaba del ambiente. Hoy, a diferencia de ayer, sí había estrellas.

Estaban agotados. Al distinguir un claro, "El Águila" hizo una señal a Martín y este ni tardo ni perezoso gritó:

- ¡Ora sí, canijos! ¡A tragar y a descansar!

Rendidos, fueron haciéndose de un lugar. Por la noche, serían dueños de un trocito de tierra, que por ahora era más que suficiente. Se hizo una fogata, calentaron café, asaron cecina y tomaron aguardiente. Juan fue el encargado de cuidar a "El Pulques". Martín se acurrucó junto a un árbol, dejándose acunar por las raíces y envolviéndose en la perfumada corteza, así se quedó muy rápido dormido.

El líder se perdió mirando el fuego, se disfrazó de humo y escapó entre las copas de los árboles. Federico se quedó dormido contemplándolo. Un viejo llamado Cristóbal sacó su armónica y llenó de nostalgia la noche. Los hombres nuevamente cerraron los ojos y soñaron juntos. Mañana esperaba otro pesado día.

"Ojalá el milenio que ahora inicia sea una época en la que finalmente la llamada de tantos hombres, hermanos nuestros, que no poseen lo

mínimo para vivir, encuentre escucha y acogida fraterna. Espero que los cristianos se hagan promotores de iniciativas concretas que aseguren una equitativa distribución de los bienes y la promoción humana integral para cada individuo.

Juan Pablo II

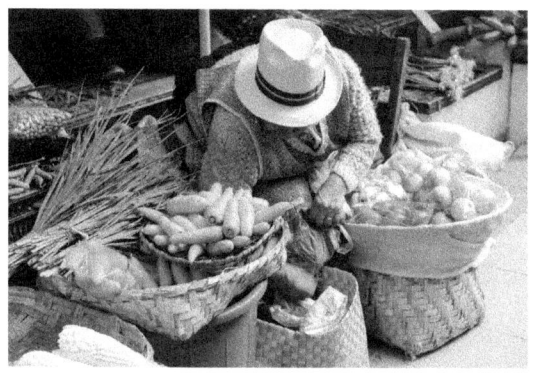

"HABLANDO DE TÚ CON LA MUERTE"

26 De Febrero

❋ ❋ ❋

Una larga noche….

El pobre Juan no durmió ni un minuto ya que "El Pulques" se la pasó delirando y retorciéndose de dolor, al grado que Juan pensó que ésa sería la última noche del enfermo; que moriría en cualquier momento. Era tanta la desesperación de Juan por ver sufrir a su compañero, que se movilizó y les preguntó a algunos de sus conocidos si sabían de algún remedio eficaz para bajar la fiebre del enfermo.

- ¡Oye, Pedro! -al mismo tiempo que lo empujaba con el pie- ¿No sabes cómo hacerle *pa'* bajarle la calentura a éste?
- ¡Yo que voy a saber! - se volvió a enroscar en la cobija- Pregúntale a Ramiro.

Juan se trasladó hasta donde estaba aquél.

- ¡Ramiro! ¡Ramiro!
- ¡¿Qué quieres *mano*?! ¿No ves que estoy durmiendo re sabroso? -en ningún momento abrió los ojos- ¡No estés *moliendo*!
- ¡Se nos va a *pelar* "El Pulques"!
- ¿Y yo qué quieres que haga, que le eche porras?
- ¡No seas cabrón! Ayúdame a bajarle la maldita calentura…
- Dile al "Limpias", él siempre sabe qué hacer, además, ¡ya lárgate, *mano,* ya estuvo bueno de estar fregando!

Juan, decepcionado, se dirigió como último recurso al hombre que Ramiro le había indicado. Estaba dormido con los brazos cruzados sobre el pecho, daba la apariencia de que descansaba tranquilo, en paz. Dudó un momento en despertarlo. Lo que no sabía, era que ése que parecía tan dormido, hacía rato que se mantenía alerta.

- ¿*Qués* lo que *quéres*? –de un solo movimiento se sentó.

Juan se tiró para atrás y tardó un poco en reaccionar. Finalmente, le contó lo que pasaba y le pidió su ayuda. Se conocían muy poco entre sí, ya que "El Limpias" era muy reservado. Jamás platicaba con alguien, era como una furtiva sombra.

Este hombre sólo vivía para acatar las órdenes de "El Águila", era su incondicional, un hombre de pelea al que le importaba muy poco tener amigos. Al fin Ignacio (que era como realmente se llamaba "El Limpias"), accedió a ayudarlo con la condición de que lo llamara por su nombre, ya que eso de los apodos no era de su agrado.

Se trasladó hasta donde se hallaba postrado el enfermo. Con gran dominio le tocó la frente, le revisó los ojos y la lengua. Le descubrió el pecho y puso la oreja sobre él, para escuchar más claramente los redobles del corazón, palpó su alma y sorprendió a la muerte escondida, cubierta con su blanco manto en un rincón, más el brillo de sus cuencas vacías la delataban; el herido se encontraba muy mal. Juan le quitó las botas y al ponerlas de cabeza, semejaban un par de relojes de arena vaciándose.

Ignacio se sentó en cuclillas, meneaba la cabeza de un lado a otro en signo de reprobación. Parecía que en algún momento se le destornillaría y se iría rodando por el suelo tapizado de hojas y moho.

- ¿Qué pasa, Ignacio? ¿Lo puedes curar? –Lo inte-rrogó Juan.
- Voy a buscar una yerba. Necesita que le *sáquemos* los malos aires y *harta* oración.

Traigo en el morral esencias de ámbar, azafrán, canela, pachuli, sándalo, tomillo y almizcle. También hay que quemar incienso. Tengo que encontrar unas ramitas de pirú y ruda… no dejes que se duerma.

Ignacio presuroso tomó una veredita y desapareció entre la oscuridad… la selva se lo tragó. Pasaron dos horas y Juan se sentía desesperado por la tardanza de Ignacio. Temiendo que algo malo le hubiera pasado, decidió informarle al "Águila" lo que sucedía. Quizá los del ejército ya andaban cerca y lo habían capturado. Dudoso se acercó.

- ¡Jefe, "Águila"! ¡Despierte por favor!
- ¡¿Qué pasa, Juan?!
- Es que "El Pulques" empeoró, y *pus* no me quedó de otra que pedirle ayuda a uno de los muchachos, *nomás* que se metió a la selva *pa'* buscar unas cosas que necesitaba y ya es hora que no aparece. A mí se me hace que le pasó algo.
- ¡Avísale a Martín! –mientras decía esto, sacó la pistola de abajo del morral que hacía de almohada-… ¡Voy para allá!

"El Águila" llegó hasta donde se encontraba el enfermo, ya para entonces eran muchos los que habían despertado. Se organizaron varios grupos y con linternas se introdujeron en la espesa y oscura selva para buscar a Ignacio. Desde luego el líder se unió a la búsqueda, llevando siempre al lado, como una sombra, a su gran amigo Martín. Pasaron las horas implacables, empezaba a clarear y ni rastro de él. Tampoco había regresado al campamento, ya que si así fuera, hubieran enviado la señal acordada.

Cuando la búsqueda parecía inútil y estaban a punto de regresar, uno de los hombres lo descubrió escondido entre la maleza, envuelto entre una misteriosa penumbra. Quedaron petrificados ante la imagen aquella: era espectral. Dejaba salir de la garganta ruidos raros, como murmullos, cantos con las voces de pájaros, ruidos que imitaban al viento, el correr del agua, como piedras chocando unas con otras. Un sudor frío se apoderó de los cuerpos y daba miedo hasta respirar, por temor a que con el aliento, se rompiera la concentración de Ignacio dando así fin a la extraña ceremonia.

- Yo te suplico, encarecidamente –rezaba en trance con los ojos cerrados-, que así como te formó Dios; inmortal con tu gran poder sobre todos los mortales, hasta ponerlos en la esfera celeste, donde gozaremos un glorioso día sin noche por toda la eternidad, y en el nombre del Padre, del Hijo y del Espíritu Santo, yo te ruego y te suplico te dignes ser mi protectora y me concedas todos los favores que yo te pido hasta el último día, hora y momento en que su Divina Majestad ordene llevarme ante Su presencia… amén. De paso, Santa Muerte, que un día no me despierte.

Al finalizar la oración, Ignacio aflojó el cuerpo y cayó de boca, la extraña luz azul que marcaba su entorno fue desapareciendo lentamente. Al comprobar que todo estaba en calma, que había terminado, "El Águila" se acercó a una distancia prudente.

- ¿Te encuentras bien?
- Sí, jefe… -respondió Ignacio aturdido.
- ¿Qué ha pasado? ¿Qué significa todo lo que acabamos de ver?
- Es que me senté un ratito a platicar con la muerte…
- ¡¿Cómo se te ocurre eso?! ¡¿Te has vuelto loco?!
- No es más que la *meritita verdá*. Cuando iba a recoger unas yerbas *pa'* hacer un té y

una *limpia*, allá, detrás de un árbol me estaba *divisando* la muerte -al decir esto pelaba muy grandes los ojos, infundiendo miedo a los presentes-. Me hice el que no la veía y caminé largo rato hasta que me dio alcance. Ya junto a mí, me preguntó rete intrigada que por qué no le tenía miedo… ¡La *mera verdá* sí tenía! -le confesó al "Águila"- Pero si se daba cuenta me ganaba la partida. Ya más tranquilo le conté que la conocía desde *endenantes*, que la consideraba mi amiga y guardaba en mi morral su imagen con una oración. Ella se sorprendió mucho y me dijo que *naiden* antes le había dicho cosas tan bonitas. Aprovechando que la tenía ahí, cerquitas, le pedí que no se llevara a "El Pulques", que a nosotros nos hacía más falta que a ella, que él era un hombre rete important-ante *pa'* nosotros.

Le conté cómo nos levantaba el ánimo cuando nos sentíamos derrotados, de cómo nos hacía reír… hasta a *usté.* Le dije de nuestro asunto, que la cosa iba en serio, por eso *mesmo* debíamos llegar a Los Laureles cuanto antes: *pa'* reclutar más hombres. Nos sentamos y le propuse un trato. Ella aceptó y me dijo que ya era mi amiga. Por fin contenta, se *jué* por su lado y yo me quedé rezándole un rato.

Nadie pronunció palabra alguna. Al oír la historia de Ignacio uno que otro se tapó la boca para no reír. Otros sí la creyeron y lo veían de manera diferente, con más respeto, quizás. Esto era comprensible, pues no siempre se tenía la oportunidad de escuchar un relato así. "El Águila" tampoco hizo comentarios, si había sido cierto o no, se sabría más adelante.

Ignacio recogió las yerbas, su morral y el incienso e inmediatamente se puso a las órdenes del líder. Ya para entonces era de mañana.

Al llegar al campamento grande fue su sorpresa al ser recibidos por "El Pulques", que si bien no se veía totalmente restablecido, estaba de pie y listo para seguir adelante. Encendieron una hoguera y prepararon café con canela y piloncillo, asaron cecina con nopales. Entre murmullos se contaron la historia unos a otros haciendo cada vez una versión diferente. En algunos casos juraron que ellos mismos habían estado presentes en la plática de Ignacio con la muerte.

A punto de terminar el desayuno, con el jarro de

café aún entre las manos, una ráfaga de aire sacudió los árboles dejando caer una lluvia de hojas sobre los sombreros que eran aferrados fuertemente a las cabezas. Esto causó pánico entre los hombres, no así a Ignacio, que tranquilamente se dirigió a una lomita y gritó a todo lo que daba su pecho: "¡Qué bueno que *cumplites*! ¡Yo también cumpliré lo mío!" Y de nuevo reinó la calma en el lugar.

Ya estaban listos aunque algunos daban muestras de fatiga, como el pobre Juan que no había dormido nada. Así decidieron marchar cuanto antes. El calor comenzaba a apretar y nuevamente a las órdenes del jefe partieron.

Estaban a sólo un día de Los Laureles. La mayor preocupación de "El Águila" era que el ejército los estuviera esperando; eso sería terrible ya que tendrían que pelear. La desventaja era grande, ya que ellos eran sólo ciento veinte hombres contra un número muchísimo mayor de soldados del ejército.

¿Qué pasaría si nadie del pueblo a donde iban quisiera unírseles? Esta era una pregunta difícil de contestar, pero "El Águila" tenía el presentimiento, la íntima sensación de que tendrían éxito. Peleaban por una causa justa, muchos campesinos ya estaban cansados de ser explotados, reprimidos, ignorados en un país que les pertenecía. Les era negada la riqueza de una tierra que los amaba, a la cual, a su vez, se le prohibía proteger a sus hijos. Sí, estos hombres eran sus hijos, a los que debía brindarles alimento, cobijo: y no ser partida y repartida a sólo unos cuantos, desgraciadamente, a los que más tienen. Pobre tierra, cuánto ha sufrido. Pero ahora con sus gemidos había despertado a muchos hombres; hijos que azuzados por la madre lacerada, dividida y explotada se levantaban de sus petates y hamacas para defenderla, para rescatarla y ser felices juntos.

Los pasos restaban distancia y se comían el tiempo. "El Águila" de tanto ir pensando no se percató de lo tarde que era. Mañana, si no se presentaban contratiempos, a esa misma hora estarían celebrando su llegada al pueblo. Martín le sugirió al líder que se sentaran a descansar un rato y éste de buena gana aceptó.

- Ya falta poquito, jefe, parece que ya *merito* llegamos. A ver qué cara ponen los del ejército después cuando vean que les caemos *rete hartos.*
- Ojalá que jalen muchos, Martín… ¡Ándale! Dame un trago de aguardiente.

"El Águila" lo bebió como si fuera agua. Federico se acercó a ellos y se sentó. Martín limpió la boca de la botella de aguardiente con la manga de la camisa y le ofreció un trago, pero Federico no aceptó.

- No, muchas gracias, Martín, mejor me echo un trago de agua.

Permanecieron en silencio unos instantes. Federico hacía figuritas sobre la tierra con el dedo, entonces Martín dibujó un "gato" y lo retó a jugar.

- ¡Órale, muchachón, vamos a ver quién es más tarugo!
- ¡Uy, Martín! Ya estuvo que perdiste.

En unos cuantos movimientos Federico le ganó la partida a un sonrojado Martín, que avergonzado, no le quedó otra que reír.

- ¡Si seré *maje*!... ni modo, *manito*... ¡me ganaste! –y con la mano borró rápidamente los garabatos.

Federico aprovechó el momento para hablar con su superior.

- "Águila", ¿Qué pasaría si llegando a Los Laureles nos está esperando el ejército?
- Pues ya ni modo, tendremos que pelear, a ver quién es más cabrón...

- Y usted, ¿no le tiene miedo la muerte?
- Nunca, porque vivimos con ella, nos acompaña desde el momento de nacer. La muerte es inevitable, irremediable, por eso hay que recibirla con respeto y alegría, satisfechos de haber aprovechado al máximo el tiempo que teníamos destinado a vivir.
- ¿Y qué pasa cuando llega sin darnos cuenta, sin estar preparados para recibirla?
- Tienes que estar preparado todos los días… Trazarte una meta inmediata y cumplirla. Por ejemplo, en este momento mi objetivo es llegar a Los Laureles lo más pronto posible, convencer a la gente del pueblo que se unan a nuestra causa. Al caer cada noche le doy gracias a Dios por acercarme a mi propósito, y si esta noche tuviera que morir, estoy seguro que la semilla que he sembrado en el corazón de cada uno de ustedes los llevará a proseguir, a llegar al final y levantarse con la victoria. Moriría tranquilo, Federico, sé que ustedes terminarían lo que yo he comenzado.
- Mejor luego le siguen platicando, -inter-

rumpió Martín- se va a hacer de noche y aún falta un montón.

Se levantaron y con el cansancio a cuestas reanudaron la caminata. "El Pulques" iba despacito ayudado por Juan, que sin querer, se había convertido en su ángel de la guarda. Tanto se sabían ya el uno del otro, que era poco lo que faltaba conocer. "El Pulques", que se ufanaba de ser muy macho, le confesó a Juan que por primera vez en su vida había sentido miedo; se percató de la muerte sentada junto a él, tanto, que pudo sentirla agarrarlo de la mano tan fuerte que pensó que sería imposible soltarse jamás. En ésos momento que creyó los últimos, vinieron a su memoria las imágenes de su esposa Margarita y sus tres hijos, a los que nunca dio mayor importancia. Incluso antes de integrarse al movimiento les había abandonado dejando a su mujer embarazada de tres meses. Ahora de verdad se sentía arrepentido. Juan le dijo que no era tarde para remediar el mal, por lo que "El Pulques" prometió que en cuanto tuviera oportunidad, iría a verlos para pedirles perdón.

Juan por su parte le contó algunos capítulos de su historia, que era muy diferente y menos complicada. Su esposa se llamaba Josefina y tenían cinco hijos. A pesar de su pobreza eran felices, vivían unidos, amándose a pesar de las condiciones difíciles. La separación de Juan del hogar causó un profundo dolor en Josefina, quien al enterarse de que su esposo pronto marcharía, lloró seis días y seis noches antes de su partida, quedando la pobre mujer con los ojos secos y el alma destrozada. Pero Juan, con todo el dolor de su corazón no pudo mirar atrás, porque dentro de él vivía la esperanza de que de ganar esta lucha, podría ofrecerles una mejor vida a su esposa e hijos, una vida digna, como la que ellos se me-recían.

"El Águila" se acercó a los dos hombres que caminaban adentrados en la conversación, y le preguntó a "El Pulques" si ya se sentía mejor, al recibir una respuesta afirmativa caminó por un rato al lado de ellos. Martín llegó hasta él y desmontó de un salto al caballo, le informó que ya había divisado un lugar como a una hora de distancia para pasar la noche. Una hora que se haría eterna…

Exhaustos arribaron al sitio indicado por Martín. Se hizo la fogata de rigor, se dispuso la olla para preparar el café con canela. El viejo Cristóbal sacó su armónica y tocó una linda canción que sirvió de fondo mientras armaban el campamento. Al reconocer la tonada, algunos comenzaron a cantar mientras se acomodaban alrededor del fuego.

"Qué bonito es el quelite,

bien haya quién lo fundó,

que en sus orillitas tiene,

de quién acordarme yo.

Mañana me voy, mañana,

mañana me voy de aquí

el orgullo que me queda,

que tú me quisiste a mí…"

Al terminar la canción, Martín, con su característico buen humor, le pidió al viejo que tocara algo más alegre e inmediatamente sacó a bailar a uno de los hombres, que al principio, avergonzado se resistió un poco, pero al ver que sus compañeros animados le aplaudían, no tuvo más remedio que acceder. Al baile improvisado se unieron otros, terminando aquello en una animada verbena.

Era verdaderamente chusco observar a dos hombres sombrerudos y bigotones, ejecutar las polkas con tal maestría. "El Pulques" se sentía frustrado por no participar: quería guardar las fuerzas para las caminatas, más eso no impedía que les gritara toda clase de frases burlonas e improperios.

- ¡Ora sí, parecen *maricones jijos* de la chingada! ¡Abusados, no se les vayan a jalar las medias, cabrones! ¡Cómo me gustaría estar bueno y sano, pa' bailar con ésa pinche bigotona, barriga de burra preñada!

El aguardiente corrió a raudales, al grado de que a la media noche ya eran muchos los aturdidos por el alcohol. Unos reían, otros cantaban, tres o cuatro bailaban y algunos otros, lloraban. La guitarra entonces se tornó lastimera, melancólica, y con su voz temblorosa inundó la oscura lejanía, sus notas se confundieron entre las negras siluetas del horizonte. "El Águila" se apartó del grupo y de inmediato fue atrapado por el cansancio atrás de unas rocas que hacían de muralla, el refugio que guardaría celosamente sus sueños. Martín no paraba de bailar completamente borracho, de repente perdía el equilibrio rodando aparatosamente. Se levantaba con trabajos y después de sacudirse la hojarasca del jorongo, proseguía con su absurda danza. Federico como no tomaba, se había retirado a dormir inmediatamente después del "Águila". "El Pulques" habiendo agotado el repertorio de insultos y bromas, optó por irse tambaleando a sentar junto a Juan para continuar intercambiando anécdotas de sus vidas, quién a su vez, tuvo que persuadirlo en más de una ocasión para que no sacara la pistola y disparara al aire, ya que se encontraba totalmente ebrio. Ignacio permaneció largas horas ignorando la fiesta que se llevaba a cabo, se mantenía a una distancia prudente, a espaldas del campamento: observaba las estrellas con atención.

Raro era en verdad este hombre, bajo de estatura, delgado, de aproximadamente unos 45 años. Nadie sabía nada de su vida y quizás a nadie le importaba en absoluto. ¿Qué conversaciones tendría con el cielo que le hacían perder la noción del tiempo? ¿No le interesaba el aguardiente, ni las mujeres, ni las apuestas, como a los otros? Extraño era el mundo en el que vivía: un mundo diferente que sólo le pertenecía a este singular hombre. En el campamento quedaban pocos de pie, mismos que fueron cayendo uno tras otro como fulminados por un rayo. Al poco tiempo reinaba el silencio y sólo el crujir de las chispas de la hoguera delataban a los hombres en la selva. Ese mismo fuego fue testigo de una sombra que escapaba encobijada con el humo: quizás un enemigo, un desertor, o en el peor de los casos… ¡un traidor!

"No tiene sentido estar apegado exclusivamente a esta vida, ya que por muy larga que sea, no podemos vivir más de determinada cantidad de años. Por eso no importa cuánta riqueza o recursos acumulemos en esta vida. En ese momento no nos servirán de nada."

Dalai Lama

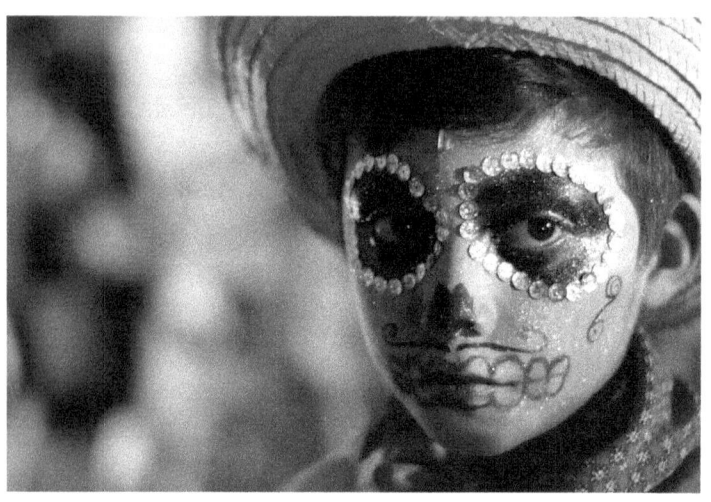

"EL COMPADRE TRAIDOR"

27 De Febrero

✻ ✻ ✻

Muy temprano emprendieron la salida. Era emocionante pensar que pronto se encontrarían en el pueblo. Iban erguidos, decididos y a cada paso que daban iban dejando la huella de su valor y coraje. Nadie se percató de la falta de uno de los hombres, ni siquiera Ignacio que había permanecido despierto hasta muy entrada la noche, más su desarrollada intuición le advertía que algo extraño sucedía, lo percibía en el ambiente, así que decidió comunicárselo al líder. Apresuró el paso llamando la atención del grupo, hasta que estuvo caminando a la par de "El Águila".

- "Águila", necesito hablar con *usté*... ¡siento un nudo aquí en mi pecho! –se abrió la camisa de manta para señalar con un dedo el centro del pecho-... Algo no me *cuadra* patrón...
- Dime, ¿de qué se trata?

- Patrón…-en voz baja- A mí se me hace que *tráimos* mala sombra…
- ¡No me salgas con tonterías, Ignacio! Llevamos la ventaja, el ejército no tiene ni idea de donde estamos.
- ¿Y si lo supieran? ¿Si por mala suerte nos agarran llegando al pueblo?
- ¡De ninguna manera pueden saberlo! – Aunque se resistiera a aceptarlo, "El Águila" sabía que existía esa posibilidad y comenzó a dominarlo el nerviosismo. Aminoró el paso con el entrecejo fruncido de preocupación-. ¿Por qué me dices estas cosas?
- Porque me lo dijeron anoche las estrellas y ellas nunca mienten. Me *aprevinieron* de que los soldados ya saben dónde andamos y *pos…pos…* ¡nos quieren *madrugar*!

El valiente hombre se detuvo de golpe, cerró los puños con tanta fuerza que sus venas emergieron formando laberintos bajo la piel de las manos, su respiración era la de un toro bravío en medio de la plaza, los latidos del corazón cimbraban el suelo y la adrenalina corrió por su sangre como el agua de los ríos en tiempo de lluvias.

- Espero que no te equivoques, que no se trate de tontas suposiciones, sino….
- ¡No se *enmuine,* lo que le digo es la puritita *verdá*!... y *pa'* que vea que no le miento si estoy equivocado *asté* me castiga, o me corre, o me mata…
- ¿Qué es lo que quieres que haga?
- *Pos* mande a alguien adelante de nosotros *pa'* tantear, *pa' oyir* lo que dice la gente y nos venga a dar razón *pa'* estar *aprevenidos.*
- Está bien, Ignacio, así lo haré, veremos si tienes razón.

"El Águila" llamó a Martín quien llegó de inmediato abriéndose paso entre las miradas de curiosidad de quienes no se explicaban qué sucedía.

- Martín, quiero que de inmediato formes a los hombres y pidas voluntarios para adelantarse a Los Laureles. Necesito que vayan a parar oreja, que investiguen si alguien ha visto a ésos cabrones del ejército. Que se mezclen entre la gente, que vayan a la cantina. Necesito información de cómo están las cosas por allá, es muy importante. Si notan algo extraño o se enteran de algo los

quiero de regreso lo más pronto posible para estar prevenidos. Hay que estar muy alertas, Martín, muy alertas.
- ¿Eso es todo?
- Si… ahora vete.

Martín formó de inmediato a los hombres y no faltaron voluntarios. Se hizo un grupo con cuatro de ellos y partieron rumbo a su destino. "El Águila" llegó a la conclusión de que lo mejor era esperar en ese lugar antes que seguir avanzando, era necesario tener información. El área en donde se encontraban era segura: bastante vegetación, veredas sumamente estrechas, barrancas, laderas y mesetas, árboles enormes coronados con espesas cabelleras que se entrelazaban. La belleza del lugar era indescriptible. El agua del río competía en color con el azul del cielo: un azul turquesa divino, celestial. A lo lejos el rugido de las cascadas tocando su sinfonía eterna, se mezclaba entre los graznidos del tucán y las guacamayas, los chillidos del mono saraguato y del mono aullador. Esta era la tierra del jaguar, del ocelote y del tapir.

Pasaron al menos 5 horas, la incertidumbre crecía. "El Águila" iba y venía nervioso formando zanjas con el arrastre de sus botas. Nadie hablaba, permanecían sentados y callados en grupos. Sólo Ignacio se veía tranquilo, parecía satisfecho porque se le había hecho caso y gracias a eso se evitarían una desagradable sorpresa: estaba seguro de eso.

Por su parte, los encargados de investigar llegaron a Los Laureles. El pueblo lucía tranquilo. A través de sus calles de tierra húmeda bordeadas con casitas de techo de palma, las mujeres de tez color bronce por-taban enormes faldas de olanes multicolores, con blusas bellamente bordadas y las trenzas negras, apretadas como cuerdas, perfumadas de jazmín; llevaban rollos de leña, frutas y legumbres seguidas por los niños como polluelos tras la gallina. Uno que otro perro flaco de costillas escandalosamente protuberantes deambulaba muerto en vida, acosado por una cuadrilla de moscas. Era el fin de la jornada diaria que había comenzado a las 3 de la mañana, los hombres de cuerpos delgados y musculosos cargaban el machete al cinto como parte del cuerpo, el atuendo era camisa y calzón de manta, de pelo y ojos más oscuros que la noche, con la piel gruesa, agrietada de tanto sol y sudor, con manos de piedra y pies de plomo, con la sonrisa blanca como cubos de sal.

Los enviados por "El Águila" llegaron directamente a una cantina llamada "El cuerno de la abundancia": que por cierto, de esto último nada tenía, ya que en sus mi-serables mostradores se exhibían dos o tres botellas de mezcal, alguna de ron barato, unas cinco de tequila y un sinfín de botellas con bachichas. Eso sí, una gran hielera vomitaba las cervezas de entre los bloques de hielo… eso y los mosquitos eran la única abundancia.

Como era de esperarse fueron escrupulosamente examinados por los pueblerinos, que cabizbajos y con la mi-rada esquiva, no les perdían la pista. Desde el momento en que entraron se hizo un incómodo silencio, pero poco a poco se fue rompiendo cuando los lugareños se sintieron fuera de peligro y se acostumbraron a su pre-sencia.

Estaba por entrar la tarde, debían actuar cuanto antes para que por lo menos al amanecer del día siguiente, los hombres de movimiento pudieran arribar. El hombre que encabezaba la comisión se llamaba Fernando: astuto, inteligente, adicto al puro y las mujeres.

- Bonito pueblo, oiga… -le dijo al cantinero.
- ¿Le parece? -sin mirarlos les sirvió un vasito de tequila a cada uno.
- Después de viajar tantos días lo que quiere uno es descansar un rato, echarse unas copas, platicar… unas mujercitas no vendrían mal ¿verdad muchachos? –Fernando y sus acompañantes se echaron a reír intercambiando miradas cómplices, mientras el cantinero hizo como que no lo escuchó y sirve una copa a otro hombre en la barra.
- ¿De dónde vienen, amigo?
- De Los Tejocotes, como a 8 días de aquí…

- Oiga ¿y qué andan haciendo por acá? –preguntó maliciosamente el cantinero.
- Vamos a hacer un negocio a Los Olivos, vender ganado y ésas cosas…
- *Pos ta' gueno…*
- Lo que me extraña es que este pueblo se ve re quietecito, como que aquí ni las moscas se paran ¿así es siempre?
- Depende…
- ¿Depende de qué?
- ¿Le sirvo otro tequilita "amigo"?
- Sírvame pues… "amigo". Oiga ¿de pura casualidad no ha visto a otros fuereños aparte de nosotros?
- ¿No se le hace que ya son muchas preguntas? -el cantinero se notaba incómodo con el interrogatorio y nuevamente las miradas disimuladas de los parroquianos se clavaron en ellos- Como que ya se está haciendo medio tarde, yo que ustedes mejor agarraba camino.
- ¿Hay algún inconveniente? -al decir esto, Fernando y sus acompañantes se levantaron de los bancos altos de la barra- ¿Qué tanto le

molesta?

- Mire amigo, mejor píquele de aquí, no vaya a ser que los *meros meros* se enojen y quién sabe, al rato pase a ser difuntito ¿es que, sabe una cosa? Aquí no queremos mucho a los de fueras.

Fernando le tiró unas monedas en la barra como pago del consumo. Fulminando con la mirada a ese hombre tan hostil, salieron del lugar atravesando una valla de miradas intrigadas y murmullos.

No habían avanzado ni cien metros cuando Fernando, a lo lejos y a pesar de que la luz del día estaba desapareciendo, reconoció con sorpresa a su compadre Lupe, saliendo misteriosamente de la casa del cacique de la comunidad. En su cabeza se agolparon cientos de ideas: ¿Qué hacia Lupe allí? ¿Acaso nadie había notado su ausencia del campamento? ¿Venía buscándolos con un mensaje de "El Águila"? ¡Era imposible! Lo estuvieron observando unos momentos, el tiempo suficiente para ver cómo Lupe recibía un fajo de billetes y disimuladamente lo metía rápido adentro del bolsillo del pantalón, para luego despedirse confianzudamente de aquél hombre. No daban crédito a lo que acababan de ver.

Fernando comprendió entonces de qué se trataba, sus ojos se tornaron tremendamente rojos, congestionados de ira, inyectados por la sangre que le recorría todo el cuerpo como un ejército de hormigas. Los cuatro hombres siguieron sigilosamente al traidor, vieron cómo se metía en un jacal, tranquilo, como si nada, seguro de haber cumplido con su cometido y confiado en que jamás sería descubierto por "El Águila" y los hombres del movimiento, y si así fuera, estaría muy lejos para averiguarlo.

Esperaron en la parte trasera del cuarto unos instantes. Entre las rendijas de las paredes construidas con tablas de madera, vieron a Lupe encender una vela para alumbrar la habitación, se sirvió un trago de mezcal y encendió un cigarrillo. Se dejó caer en un viejo catre y comenzó a lanzar bocanadas de humo en forma de círculos. De repente, Fernando y sus compañeros irrumpieron violentamente al interior. Lupe quedó sorprendido, no podía creer que Fernando, su compadre, estuviera allí. Se atravesaron con la mirada como si fuesen filosos y mortales puñales, en sus ojos había fuego intenso que convertía en cenizas una larga y valiosa amistad; los ideales mutuos, los buenos momentos, esa misma hermandad que había empujado a Fernando a pedirle a Lupe que fuera el padrino de su primer hijo. Ahora no quedaba absolutamente nada de aquello. Fernando, furioso, se le abalanzó y lo derribó, le asestó varios puñetazos en el rostro y le sujetó el cuello con las dos manos para ahorcarlo. Los ojos del traidor parecía que saldrían de sus cuencas, con desesperación intentaba quitarse las manos de Fernando que lo estrangulaba sin asomos de piedad, pero la falta de oxígeno menguaba sus fuerzas, sentía que los pulmones explotarían de un momento a otro. Uno de los hombres agarró a Fernando de los hombros y lo jaló hacia atrás.

- ¡Ya déjalo, Fernando! No vale la pena que lo mates…
- ¡Maldito! ¡Hijo de la chingada! ¡Déjame matarlo como a un perro! –los otros dos hombres lo agarraron de los brazos pues parecía poseído por la rabia y el coraje.

Lupe aprovechó para jalar aire y poco a poco fue recobrando el color. Fernando lo agarró del pelo y a fuerza lo levantó y lanzó contra la silla. Tomó otra silla y se sentó frente a él. Encendió un cigarrillo.

- Pues bien, "compadrito", tú dirás: o me lo dices todo ahorita o te llevo al campamento para que "El Águila" y los muchachos te hagan hablar a punta de *madrazos*.
- ¿Y qué quieres que te cuente, compadre? –dijo Lupe avergonzado limpiándose la sangre de la boca- ¿Ya lo sabes todo, no?

- ¡Quiero escucharlo de tu asquerosa boca, desgraciado!
- Lo único que puedo decirte es que no me a-rrepiento… Yo no estaba de acuerdo en unirme a ustedes… él me obligó…
- ¡¿Él?! ¡¿Quién, cabrón?!
- ¡Don Gaspar!... Él es el cacique de éste pueblo y hace "negocios" con los políticos y comercian-tes más importantes del rumbo. A ellos no les conviene un levantamiento ni que gente como ustedes hagan alboroto para llamar la atención. Me ofreció mucho din-ero con la condición de que me juntara con ustedes y les fuera avisando lo que hacían…
- ¡Maldito! -Fernando saltó de la silla y con tremendo puñetazo tiró al suelo nueva-mente a Lupe, que resignado escupió un par de dientes ensangrentados. Los otros hom-bres volvieron a sentarlo en la silla.
- Tenía que avisar cuando estuvieran a punto de llegar a Los Laureles… el ejército está en camino y se hará cargo de ustedes…-Lupe sonrió sarcástico- "A cada iglesita, le llega su fiestecita", compadre.

- Entonces… ¿siempre supieron que veníamos para acá?
- Sí.
- ¿Y por qué no nos agarraron antes?
- Porque querían que se juntara más "bola", que se confiaran, además así era el plan, como vienen las elecciones en nuestro pueblo, Don Alfonso que es compadre de Don Gaspar quiere ser presidente, un escándalo así pondría al descubiertos sus negocios y seria como destapar un bote de lombrices… ¡cosas de negocios y política que un pendejo muerto de hambre como tú, no entendería!
- ¡Puras tranzas! ¡Negocios sucios mientras la gente muriéndose de sed, de hambre!
- ¡Siempre tan cursi, Fernando! Aprende a mí. Don Gaspar y Don Alfonso me prometieron que acabando esto, de premio chance me hacen alcalde *pa'* la otra.
- ¡No puedo creer esto de ti, Lupe!
- ¡¿Y qué quieres, compadrito?! ¿No has oído que "con dinero baila el perro"? –sacó un cigarrillo de la bolsa de su camisa y se lo puso

en la boca- La lana es la lana… ¿Me prestas lumbre?
- -¡Me das asco!
- ¡Deja de soñar, Fernando! Si quieres vamos a casa de Don Gaspar y le digo que te recomiende con Don Alfonso, que te den un buen trabajo en la alcaldía y ya la hiciste. Mientras estés de lado de los "picudos" qué te preocupa.
- ¿Crees que sería capaz de traicionar a mi gente, a ésos hombres que dejaron todo por luchar por un futuro mejor para sus hijos, al "Águila"? ¡Estás muy equivocado! Miles de personas tienen puestas sus esperanzas en nosotros, porque de ganar esta batalla, dignificaremos a los indígenas olvidados y marginados. ¡¿Cuántas revoluciones tienen que pasar antes de que sean respetados nuestros derechos y valores?! ¡¿Cuántos inocentes más tienen que morir de hambre, de enfermedad, sumidos en la pobreza, en la ignorancia?! ¡Tú también eres parte de ése pueblo, Lupe! ¡De nuestro pueblo!
- ¡A ver cuándo aprendes que el "pueblo" sólo

son dos o tres familias, los demás sólo son burros!… ¡burros *pa'* trabajar!
- ¿Estabas dispuesto a vendernos por unos mugrosos pesos?
- ¡¿Y tú que te crees, pendejo?!

Fernando se le echó encima pero esta vez sus golpes fueron correspondidos. De pronto, Lupe sacó de entre sus ropas una pistola con la clara intención de darle muerte a su compadre, más no contaba con que había un hombre atrás de él, y antes de que Lupe pudiera accionar el gatillo, una bala le atravesó la espalda saliendo por el pecho, perdiéndose por la ventana a través del a-zuloso cielo.

El compadre traidor cayó fulminado, de su bolsillo salieron volando los billetes que de nada le servirían para comprar el descanso eterno. Entre los cuatro lo acomodaron encima del sucio catre para que pareciera dormido. Salieron del jacal con precaución y tomaron el camino de regreso al campamento.

Era casi la media noche cuando arribaron. "El Águila" estaba ansioso esperando los informes y les salió al paso, acosándolos con preguntas y exigiendo prontas respuestas. El resto de los hombres les daban palmadas en la espalda de bienvenida.

La cara de Fernando reflejaba cansancio, tristeza, preocupación. Al llegar junto a la fogata, "El Águila" les ofreció algo de tomar y los instó a contarle lo sucedió en Los Laureles. Quizás nunca se imaginó que alguien pu diera traicionarlo, porque su asombro era tan grande que se rehusaba a creer lo que le contaba Fernando. Ignacio escuchaba complacido. Una vez más se había ganado el respeto de sus compañeros.

Ahora lo que seguía era trazar un plan para frustrar las intenciones del ejército. Acordaron partir cuanto antes, para llegar a las inmediaciones del pueblo ya entrada la noche y aguardar el amanecer para atacar. Rodearían a Los Laureles mientras que un reducido grupo de hombres servirían de carnada para llamar la atención, con el objeto de que los soldados los persiguieran. Cuando llegaran a las orillas del pueblo, justo en donde estaban los mangares, les saldrían al encuentro y así podrían pelear limpiamente, sin gente inocente de por medio. Pelearían cara a cara, como los verdaderos hombres. Tomaron sus armas y partieron presurosos, con ese nerviosismo de los toreros a punto de entrar a la plaza, acompañándose del miedo natural que implica la idea de saber que en cualquier momento se puede perder la vida, dispuestos a emprender una pelea sangrienta cuerpo a cuerpo. Con la gran incógnita de si saldrán andando, o terminarán tendidos con la cara al sol.

La noche era sumamente oscura y los minutos volaban graciosamente como mariposas, desapareciendo entre los árboles una tras otra como bailarinas de ballet tras bambalinas. A lo lejos en medio de tanta negrura, se vislumbraban las luces del pueblo como luciérnagas, lo hacían verse como un nacimiento navideño. La tensión creció al tiempo que "El Águila" les marcó el alto total.

- ¡Martín! ¡Martín! –éste llegó de inmediato fumando un cigarrillo-. Es hora de organizar a los muchachos. Tú, Fernando, Juan, Margarito y Cristóbal formen los grupos y rodeen el pueblo, aquí me dejas unos veinticinco.

Fernando se acercó al líder y le pidió que lo dejara permanecer junto a él, petición que le fue concedida. Ignacio solicitó lo mismo, pero le fue negado porque se consideró que era más importante que acompañara a Cristóbal, pues era un hombre viejo que quedaba al frente por su inteligencia y capacidad de organización, por su intuición y rapidez para tomar decisiones, a pesar de su poca fortaleza física. Debía permanecer junto al viejo Cristóbal, como su ángel guardián.

Estaban listos, apostados cada quien en su sitio, esperando la señal del valiente revolucionario al salir los primeros rayos del sol: y poder declararse vencedores y seguir adelante, o morir, dejando truncada una historia de amor, entre los hombres y su madre tierra.

- ¡Ora sí, hijos de la chingada! ¡"El que tiene más saliva, traga más pinole"!... ¡Y yo soy rete escupidor! –gritó emocionado "El Pulques" sacándole brillo a su pistola.

"No te rindas, por favor no cedas, aunque el frío queme, aunque el miedo muerda, aunque el sol se esconda, y se calle el viento, aún hay fuego en tu alma, aún hay vida en tus sueños. Porque la vida es tuya y tuyo también el deseo, porque cada día es un comienzo nuevo, porque esta es la hora y el mejor momento."

Mario Benedetti

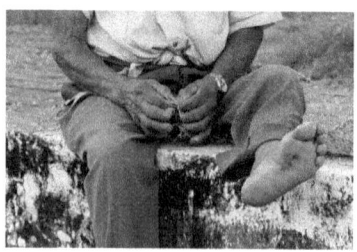

"BIENVENIDOS A LOS LAURELES"

28 De Febrero

* * *

Los insectos y animales nocturnos estaban por terminar la jornada, se preparaban para retornar a madrigueras y nidos, túneles y escondrijos, mientras los diurnos se desperezaban hambrientos, ávidos de comenzar la vida diaria en ésa tierra tan vasta y pródiga, en aquél universo verde y húmedo.

La tenue claridad fue el inicio del acuerdo. El grupo de hombres que servirían de señuelo se dirigieron decididos hacia la entrada del pueblo. Llegaron escandalosos, haciendo cabriolas con los caballos, dejando escapar algunos tiros de sus pistolas, gritando, soltando carcajadas, provocadores a fin de cuentas. Algunas ventanas de los jacales se abrieron con disimulo, como enormes ojos entre abiertos, y en sus pupilas, temerosos rostros reflejaban desconcierto y miedo. Nadie salió de las casas, ni siquiera los famélicos perros osaron asomar sus esqueletos milagrosamente vivos.

De pronto, de la nada aparecieron soldados sobre

los techos de las construcciones más sólidas, de atrás de las casuchas, de esquinas y callejuelas, eran como gatos hambrientos a la caza de ratones. De inmediato comenzaron los disparos. "El Águila" y sus valerosos hombres sacaron a relucir los fuetes que hicieron estallar sobre las ancas de los briosos caballos. Salieron galopando en diferentes direcciones levantando columnas de polvo. Como se esperaba fueron perseguidos, quedando algunos de los insurgentes tirados sin vida en el camino, los heridos, se llevaban la mano a donde emanaba la sangre caliente, que como un pájaro libre salía de su jaula de carne y hueso para pintar la blanca manta de mortal rojo. Los cuerpos de los fallecidos fueron arrollados sin piedad por la manada que no cejaba en su cacería. El ataque fue repelido, por el cielo se cruzaban las balas rasgando el aire, buscando vidas que arrancar. Eran más los hombres del ejército, alrededor de ciento cincuenta, pero no contaban con que "El Águila" conocía perfectamente la selva, y era allí a donde los encaminaban, como a un pobre e inocente rebaño.

Los cascos de los caballos retumbaban en la tierra como tambores de guerra. Allá iban los perseguidores tratando de darles alcance a los rebeldes, más de repente, aquéllos que peleaban por su tierra, por sus derechos, por su dignidad y libertad, salían de los árboles, por debajo de las piedras, del agua del río y de entre las plumas de los pájaros. ¡Habían caído en la trampa! Ya fuera del pueblo los enfrentaron con heroísmo, como fieras, como hombres de verdad.

La cantidad de bajas del ejército fue alarmante y los pocos que quedaron en pie, se escabulleron entre sollozos a meterse bajo el tapete de la yerba, a esconderse entre el todo y la nada.

Los que integraban el movimiento libertario peleaban por defender un ideal, porque en ello iba implícita la vida y un futuro que de resultar vencedores, sería muy prometedor. En cambio aquellos soldados peleaban siguiendo órdenes, a cambio de un sueldo miserable, sin siquiera tomar conciencia de si estaban haciendo bien, o mal. Hubo muchos muertos, de ambos bandos. "El Águila" ordenó darles cristiana sepultura a todos por igual y así se hizo. Victoriosos llevando a cuestas a los heridos, se encaminaron al pueblo, que permanecía con las casas herméticamente cerradas a pesar de ser ya casi las cinco de la tarde. A Juan se le encomendó la tarea de encontrar un médico.

Cristóbal pensó que la cantina era un lugar con el suficiente espacio para albergar, mientras tanto, a los hombres que eran alrededor de setenta y cinco: habían perdido a muchos compañeros, desafortunadamente, pero las bajas eran mínimas en comparación con las del enemigo. Los familiares y amigos más cercanos de los difuntos se hicieron cargo de guardarles sus pocas pertenencias enrolladas en las roídas cobijas, que ataron a los costados de los caballos, después, armaron cruces y las clavaron en improvisados sepulcros, y en ellas, colgaron los morrales de los caídos.

Cristóbal tocó con fuerza en la cantina sin recibir respuesta, sin otra alternativa rompió el candado de la cortina metálica de la entrada y la levantó. Al abrir las puertecillas se topó con el cantinero que le apuntaba con una pistola.

- ¡Párese ahí! –dijo el cantinero tembloroso y pálido.
- ¡Cálmese, amigo! Sólo queremos que nos dé alojamiento por unas horas, *pa'* que los hombres descansen y el *dotor* cure a los heridos.
- ¡Lárguese de aquí! No quiero problemas con nadie...
- ¡Si no le estoy pidiendo permiso, ultimadamente! ¡Órale! ¡Quítese de la puerta, cabrón!

Sin darle tiempo al cantinero de hacer algo, le disparó en la mano obligándolo a tirar el arma. Inmediatamente entró Federico alertado por el disparo.

- ¡Qué bueno que llegaste, Federico! Amárrate a éste estúpido y avísales a los muchachos que aquí vamos a descansar.
- Como tú digas, Cristóbal. –Federico sentó

de golpe al cantinero y le acercaron una cuerda para amarrarlo a la silla.

- ¡Nomás que se entere Don Gaspar que están aquí y los van a venir a matar como ratas! ¡Llévenme con un doctor, malditos!–la mano del cantinero sangraba profusamente.
- ¡Tu querido Don Gaspar ya de andar a muchos kilómetros de distancia! -dijo riendo Cristóbal- De seguro salió huyendo como cuando se hunde un barco… ¡como rata! ¡Muchachos! –se dirigió atrás de la barra y agarró una botella de whisky- ¡Propongo un brindis en honor de nuestra causa! ¡Agarren lo que quieran, la casa paga, y si no, que nos lo apunten y algún día regresamos a pagar!

Todos rieron a carcajadas burlándose del cantinero que forcejeaba para zafarse de su atadura. Los hombres se adueñaron del lugar y poco a poco fueron trayendo a los heridos, que fueron acostados sobre las mesas. Muchos celebraban eufóricos la victoria, otros más se arrinconaban llorosos por las pérdidas, o del dolor de sus heridas. El vino corrió, más esta vez no debían excederse, confiarse, se encontraban en territorio peligroso. Juan regresó al poco rato con la noticia de que había encontrado un médico pero se negaba a colaborar con ellos. "El Águila" guiado por Juan partió rumbo al consultorio. Los recibió la esposa del doctor: una mujer de aspecto dulce, amable, entrada en años, con una belleza aún seductora.

- Dígame, señor ¿qué es lo que desea?
- Buenas tardes. Señora, sólo quiero hablar con el médico.
- Hace rato vino el joven a lo mismo –se dirigió con la mirada a Juan-, le repito al igual que a él, que en este momento mi esposo se encuentra indispuesto para ir a atenderlos.
- ¿Por qué? –la interrogó suavemente "El Águila" mirándola fijamente con sus hermosos ojos verdes.
- Porque no queremos problemas con nadie, mucho menos con la justicia.
- ¿Acaso cree que somos delincuentes?
- Yo no dije eso, señor…lo único que puedo decirle es que todos en el pueblo tenemos prohibido tener alguna relación con ustedes. No se imagina de lo qué es capaz Don Gaspar y su gente…
- Nosotros sólo luchamos por que se respete la posesión de nuestras tierras, no más cacicazgos ni explotación, queremos liber-

tad, ya basta de represión política, de corrupción, de asesinatos y desapariciones por el simple hecho de no estar de acuerdo con las imposiciones. Queremos justicia, imparcialidad, apego a la ley, no más discriminación. Necesitamos que nuestros hijos tengan acceso a la cultura, a la educación. Viviendas dignas, acceso a servicios de salud, señora ¿cómo puede ser posible que aún mueran miles de niños de sarampión? Que padezcan de polio por falta de vacunas... ¡Ante la tuberculosis y el cáncer no sirven los tés y los remedios de la selva, señora! En este país, ser indígena es sinónimo de pobreza... mis hijos... los hijos de los hombres que me acompañan merecen una vida mejor, señora...

- Pero... dicen que ustedes...
- ¡¿Quiénes dicen?! ¿El cacique de Don Gaspar, el alcalde que es su socio en negocios turbios, el gobierno que los tapa porque todos son iguales? ¡¿Quiénes dicen?! No me diga que ustedes están de lado de los opresores del pueblo, que no les importa la ex-

plotación de los campesinos, ni que los denigren y utilicen solamente como animales de trabajo.

La esposa del doctor quedó en silencio, no tenía palabras para responder, tímida agachó la cabeza mientras "El Águila" impotente, se disponía a retirarse. De pronto, detrás de la puerta apareció el doctor que lo había estado escuchando todo.

- Tiene razón el señor, Mariquita, toda la razón -el doctor puso su mano en el hombro de la mujer-. Iré con ustedes. Estoy seguro de que muchos en el pueblo los seguirán… ¡ya estamos cansados de tanta porquería! Yo ya estoy muy viejo para andar en esos trotes, pero los ayudaré en lo que pueda.
- Muchas gracias, doctor, no sabe cuánto se lo agradezco. Los heridos están en la cantina, yo me adelanto. Con su permiso, señora.

"El Águila" volvió a clavar la vista en los ojos de la mujer, seductor, y ella, hembra al fin, le regresó como respuesta un beso disfrazado de mirada. Partió con Juan. Minutos después hizo lo mismo el médico saliendo de casa cargando un maletín. En cuanto llegó al improvisado albergue se desenvolvió con gran maestría y eficacia, producto de tantos años de experiencia.

Ignacio se ofreció a ayudarlo y a menudo le aconsejaba al doctor remedios más efectivos, según él, para curar a los enfermos hechos a base de yerbas, ungüentos y pociones mágicas, en lugar de las muy conocidas aspirinas, penicilina, anti inflamatorios y todas esas modernidades que para Ignacio, no servían de nada.

- *Más mejor* le hacemos a éste una "limpia" con huevos de gallina negra –se adelantaba Ignacio a opinar con un enfermo-, necesitamos siete huevos, manteca de cacao y una canasta, *ansina* como ésa de allá. *A luego* de "limpiarlo", se marca el huevo con una rayita de manteca y se envuelve en un trapito, se mete en la canasta y *a luego* todo, en una bolsa de plástico. Se entierra junto a un árbol, cerca del río… ¡verá que mañana ya está curado!

El doctor lo escuchaba divertido sin descuidar su trabajo. Al terminar de atender al herido, le dio la oportunidad a Ignacio de poner en práctica sus técnicas curativas: "más vale que sobre, y no que falte", pensó el doctor.

Ya era de noche, exactamente el tiempo en el que la iglesia hizo sonar diez campanadas. Que bella era la iglesia de Los Laureles: pintada de amarillo con los bordes de las ventanas y el portón de la entrada color marrón. No era muy grande. A la izquierda se erguía la torre del campanario rematada por una cupulina en forma de campana en azulejos blanco y azul. En el extremo superior, una bola de bronce soportando una cruz de hierro forjado. En el atrio aún permanecían las innumerables ofrendas de coronas de flores, arcos coloridos y estandartes de peregrinos agradeciendo los favores a la Virgen Milagrosa, patrona de la iglesia.

Hasta la cantina llegaron un grupo de hombres y mujeres alumbrados con linternas. "El Águila" ya los esperaba, sus hombres le habían avisado sobre la actividad que horas atrás esta gente llevaba a cabo. Venían en son de paz. Algunos hablaban dialecto, pero el que los encabezaba hablaba castellano.

- Buenas noches tengan sus *merced*es. Queremos hablar con el jefe de *astedes*.
- ¿*Pa'* qué lo quieren? -preguntó Martín desconfiado- ¿Qué se les ofrece?
- Queremos ver si nos deja *jalar* con él,

nosotros también ya *tamos* cansados de esta vida y queremos luchar con *astedes*.

En ese momento "El Águila" se abrió paso hasta quedar frente a frente. Le tendió la mano al indígena.

- Me dará mucho gusto que se unan a nosotros, a eso venimos. ¿Cómo te llamas?
- Luis Ramírez, trabajo en el rancho "La Purísima", nomás que ahí nos tratan re mal, el dinero de la *raya* no alcanza *pa'* mantener a la familia. *A luego* nos maltratan, hasta nos pegan los patrones o los encargados, *munchos* han muerto de *enfermedá,* no tenemos tierra propia *pa'* trabajar y las jornadas de trabajo son muy largas. Yo no entiendo nada de eso que dicen política, ni por qué siempre ha gobernado la familia Covarrubias, yo lo que sí sé; es que no por ser pobres valemos menos, que los ricos son ricos por nosotros, que Dios nos dio la tierra a todos *pa'* que la *trabájemos*.
- ¿Y cuántos vienen? –Lo cuestionó.
- *Semos* ahorita como ciento cincuenta… Muchos están enojados, pero les da miedo

revelarse porque si no tienen *pa'* comer, *cuantimenos* van a tener *pa'* comprar pistolas. Los dueños de los ranchos, que son los que mandan acá en el pueblo, tienen hombres armados cuidando, vigilándonos... ¡Pero ya es hora de despertar! ¡Por eso estamos acá, con *asté*!

- ¡Bienvenidos! –dijo "El Águila" dándole un efusivo abrazo y llamando con la mano al mayor de sus hombres- ¡Cristóbal! Encárgate de darles armas, hay muchas de las que eran de los soldados. -Al indígena- ¡Cuenta con nosotros!

- Ya se corrió la voz, patrón -dijo tímido el indígena-, verá que al rato vamos a ser un gran ejército...

- Luis, no me llames "patrón"... soy tu amigo, dime "Águila".

El insurgente se sentía feliz y satisfecho. Ahora el objetivo era conseguir más armas, pues las que tenían eran insuficientes y en cualquier momento esperaban una agresión, ya que los contrarios no se quedarían conformes con la derrota. Llegaron informes de que al iniciar la revuelta, Don Gaspar y su familia junto con importantes personajes del pueblo, habían salido huyendo con rumbo desconocido. Más y más indígenas campesinos se estaban uniendo al movimiento paralizando por completo las actividades en Los Laureles y territorios aledaños. Esto generaría grandes pérdidas a terratenientes, que sin lugar a dudas tomarían represalias.

Hombres y mujeres deambulaban libremente por los oscuros caminos. En la calle principal se hizo una enorme fogata y cantaron canciones populares, acompañados desde luego por la armónica de Cristóbal. Los listones coloridos de las trenzas de las mujeres, salpicaban la noche como si fueran traviesas serpentinas. Se respiraba un ambiente de fiesta, de paz y una extraña tranquilidad. La luna brilló intensamente dejando al descubierto amores clandestinos. Las estrellas coronaron un triunfo, que aunque pequeño, era muy significativo.

Permanecieron en Los Laureles cerca de tres días. El segundo de ellos fue muy especial, pues en medio de los preparativos para la partida, se presentó el sacerdote del pueblo: el Padre José, quien con nerviosismo y un discurso mal aprendido, trató de disuadir al "Águila" de seguir adelante. Explicó que los terratenientes lo estaban presionando, que hasta el mismísimo presidente municipal le había hecho llegar un mensaje desde el desconocido lugar en donde se refugiaba, diciendo que hablara con la gente del pueblo, con los indígenas, para hacerlos entrar en razón y comprendieran que ese levantamiento no les traería nada bueno. "El Águila" interrumpió el monólogo del sacerdote y le hizo saber que no darían marcha atrás, que lucharían hasta las últimas consecuencias. El Padre José no pronunció ni una sola palabra, quizás porque en el fondo estaba de acuerdo con los mismos ideales, sentía que algo dentro de él le gritaba, lo empujaba a romper de una vez por todas con las obligaciones y compromisos que tenía con aquellos influyentes, algunos de ellos muy alejados de su misión de servir a Dios. José era prisionero de las normas dictadas por una sociedad "privilegiada", "clasista", aquella que tergiversa el verdadero significado de las palabras "honestidad", "justicia", "moral", la misma que compra conciencias y a la que se le perdonan los pecados a cambio de un buen fajo de billetes. El sacerdote agachó la cabeza y se marchó ocultado la vergüenza bajo la sotana, llevando sobre la espalda una pesada cruz; la cruz de la conciencia.

En municipios cercanos las autoridades ya estaban alertas, tomaban las cosas con cautela pues no deseaban llamar la atención y ocasionar así, que se siguieran uniendo más y más hombres a la rebelión.

Para los altos mandos hubiera sido fácil exterminarlos desde el principio, sólo que eso hubiese enardecido indudablemente los ánimos en el país, y lo que es peor, sería un llamado para que el mundo fijara los ojos en un país de imagen mañosamente maquillada, manipulada, descubriendo entonces imperdonables imperfecciones, atentados contra los derechos humanos y un sin número de anomalías que harían recordar el viejo dicho de que: "El león no es como lo pintan".

El último día que estuvieron en Los Laureles usaron para abastecerse y así continuar con el largo recorrido. A oídos de "El Águila" llegaron noticias de la capital. Como era de esperarse, en algunos sectores era aplaudida su azaña, su valentía, otros se mofaban de él diciendo que: "se estaba poniendo con Sansón a las patadas" y no faltaron los que, acomodados en el sofá de la apatía, lo ignoraron. Para unos era el comienzo de una gran lucha que ya hacía mucha falta, una inminente e inevitable revolución, el momento ideal para sacar a la luz el descontento y gritar a todo pulmón sus inconformidades, su: "!Ya estamos hartos!" coreado por miles y miles de gargantas cansadas de callar infamias. Del lado contrario, se pensaba que sólo se trataba de un puñado de rebeldes idealistas apoyados desde el extranjero, seguramente de los *yanquis* que "andan tras el petróleo del país". ¡Ah! Pero no podemos olvidar en este mosaico de opiniones y tendencias, al de los individuos que en cualquier situación de inestabilidad social, tratan de sacar ventaja a como dé lugar, una especie de "alimañas oportunistas", por llamarlos de una manera decente.

Sin quererlo él, de la noche a la mañana se había convertido en el centro de controversias: suicida, héroe, libertador, traidor a la patria y hasta el calificativo de guerrillero romántico figuraba entre sus adjetivos. Audaz, misterioso, con las manos oliendo a pólvora y la piel, a excitante yerba y tierra fresca.

"Una nación no debe juzgarse por cómo trata a sus ciudadanos con mejor posición, sino por cómo trata a los que tienen poco o nada."

Nelson Mandela

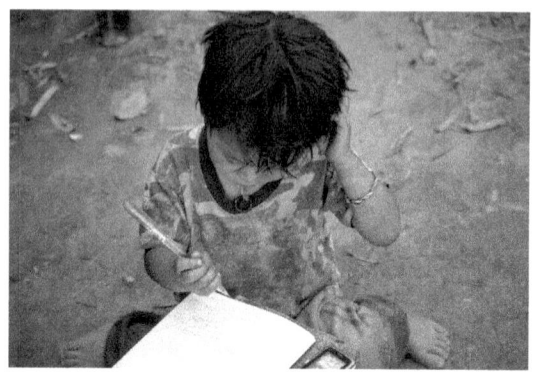

"EN COMPAÑÍA DE LAS MUJERES"

4 De Marzo

❋ ❋ ❋

Salieron temprano, ahora con más y caballos y burros. Para entonces eran ya cerca de cuatrocientos cincuenta hombres y mujeres, la mayoría tenían armas, mismas que habían pertenecido a los soldados caídos.

A Martín el amor lo flechó, la flecha tenía nombre: Azucena, mujer de bella piel mestiza y ojos café claro, como la miel, de labios carnosos y mejillas rosadas. Pelo largo, negra cortina de terciopelo brillante y seductor. De senos firmes y cadera fértil, de piernas fuertes… hermosa flor silvestre. Él no la perdía de vista ni un solo instante, tanta era su emoción, que incluso se atrevió la borrachera anterior a recitarle un verso, tan cursi y mal interpretado, que en lugar de conmover a la chica la hicieron reír a más no poder.

- ¡Oh! Bella florecita del campo,
    Que lleva por nombre Azucena,
    Regálame una sonrisa,

Anda, que no te dé pena…

Qué ricos labios jugosos,
Pintados de colorado,
Los traes a todos babosos,
Y a mí bien enamorado.

Cada que Martín recordaba el bochornoso momento, menos se atrevía a intentar abordarla y declararle sus sentimientos, por miedo al rechazo de la joven mujer y además, por llegar a ser el blanco de las burlas de sus compañeros. Pero eso no importaba ahora, él la seguiría amando en secreto, vigilando, protegiendo contra todo y todos, pues las mujeres eran asediadas y perseguidas por los hambrientos lobos de la selva, que desesperados y solitarios de hembra, buscaban hacerse de pareja para llenar de amor las oscuras noches, calmando sus deseos, sus pasiones, para hacer más llevaderas las innumerables noches que aún faltaban. Amores sin compromiso, necesarios para apagar la sed.

Federico era capaz en la conquista y pronto se hizo de una dulce campesina. "El Pulques" les coqueteaba a todas por igual; lo que le preocupaba más que nada en el mundo, era que hubiera suficiente aguardiente. En sus redes caían los mismo jóvenes que maduras, gordas y flacas, solteras ó casadas.

Juan era fiel a su esposa Josefina y lo que más añoraba, era tenerla de vuelta en sus brazos, fundirla contra su pecho y llenarla de besos. Cada vez que desviaba la mirada del camino para admirar algunas bien torneadas pantorrillas, el sudor que le perlaba la frente le traía a la memoria el llanto de su mujer en la despedida, que al no poder controlar presa de la tristeza, le empapó de lágrimas el cuerpo, dejándolo bañado en aguas saladas de sentimiento.

A Ignacio los líos de faldas no le importaban, él seguía hablando con las estrellas y el universo, recogiendo presagios envueltos en estrella fugaz, haciendo oración para que las cosas salieran bien. Micaela; gorda, rozagante y de cachetes colorados, se sentía atraída por el hombre silencioso y enigmático, y por más que se le acercaba con el pretexto de saber sobre pociones y ungüentos para atrapar su atención, él la ignoraba. Cada noche la frondosa Micaela le preparaba té a Ignacio, endulzado con piloncillo, pero todo era inútil.

"El Águila" tampoco se veía interesado en el romance. Cuando los otros aprovechaban los descansos para conquistar, él se perdía entre el humo del cigarro, formando un columna protectora que lo aislaba del exterior, que protegía su intimidad contra viento y marea. A veces Martín lo invitaba a integrarse alrededor de las grandes fogatas, en donde guitarras y armónicas acompañaban románticas canciones, en donde a través del fuego se cruzaban las coquetas miradas de largas pestañas de ellas, con las de ellos; toscas y maliciosas.
Un juego de intercambio de pasiones, de sentimientos y deseos en donde el intermediario era el sugestivo y provocativo calor del fuego.

- ¡Ándele, mi "Águila"! -le decía pícaro Martín- Allá hay dos morenas que preguntan por *usté.*
- Lo siento, Martín, ahora no estoy de humor, diles que mejor otro día nos echamos un traguito.

Lo que no sabía el buen amigo de éste valeroso hombre, es la triste historia de amor que cargaba tras de sí. Un amor frustrado por la pobreza y la alta posición social de ella. Era una joven a la cual nunca le importó que el hombre al que amaba no poseyera absolutamente nada, ni siquiera el terreno en el que vivía con su madre.

Maniobras de caciques y políticos corruptos, lo habían despojado de sus tierras y el supuesto dueño, les dio un mes para desalojar. La madre de "El Águila" sufrió mucho por eso, aquella propiedad era lo único que conservaba de su marido, el buen Serafín Carrasco, quien fue encontrado muerto en extrañas circunstancias una fría mañana de enero. Era una madre con la historia escrita en el rostro a base de arrugas, los ojos semi petrificados por la falta de irrigación de unas venas secas, muertas, cansadas de tanto llevar y traer vida. Ojos vacíos de mirada, sin lágrimas porque todas ya han sido derramadas. Serafín Carrasco fue un hombre íntegro que dejó como herencia a su único hijo, un legado de honestidad y valentía, de amor a la justicia y a la patria, lo enseñó desde muy chiquito a fajarse los pantalones. Nicolás, nombre real de "El Águila", en ese entonces estudiaba leyes. A la muerte de su padre tiró los libros y decidió que era hora de poner en práctica las leyes dormidas. El estudio le hizo saber que el objetivo de las leyes eran proteger al pueblo, darle todas las ventajas, que lo escrito sobre igualdad, democracia, justicia y dignidad no sólo era poesía, sino una verdad que de habérsele dado la interpretación correcta, la realidad sería totalmente distinta.

La madre de Nicolás murió antes de cumplirse la fecha del desalojo, sin que el desesperado hijo pudiera hacer algo por evitarlo. Una noche cerró los ojos para siempre dona Anita, como un tesoro incalculable guardó en el último destello de memoria la imagen de su hijo, postrado a los pies de la cama con blanca colcha de bordados y encaje, llorándole. Se tomaron de la mano, ella le dio la bendición y él, la besó en la frente, y con ese beso del amor más puro e infinito, se fue cantando al cielo la buena vieja a reencontrarse con su amado.

Con el tiempo Nicolás se dio cuenta de que no era el único descontento por tantas arbitrariedades, se inconformó, por lo que se hizo de seguidores y pronto se formó el movimiento.

Pero volviendo a la historia de amor truncado de "El Águila", esta terminó cuando el padre de ella se enteró del romance que mantenía su hija a escondidas, al sorprenderlos un día en un paraje solitario tomados de la mano, haciendo planes para el futuro. La bella Rebeca fue encerrada en la lujosa y enorme propiedad familiar, confinada a la soledad. El padre, temeroso de que Nicolás siguiera insistiendo y su hija, en un arrebato decidiera escapar con el novio, vendió todas las propiedades para mantenerla fuera del alcance del muchacho, destruyendo sus ilusiones y un amor que era sincero. Se marcharon lejos, para escapar también del escándalo que se produciría cuando la gente del pueblo se enterara que su hija, era la novia de un don nadie, de un mozuelo insurrecto, del pobre diablo aquél que estaba ocasionando tanto alboroto.

Jamás volvió a saber de ella, la tristeza y la amargura lo invadían al pensar que hoy estuviera casada. La pérdida de Rebeca le anuló la capacidad para amar a otra mujer, dejó su corazón mutilado, desangrándose día con día con día, lentamente, gota a gota. Esta era la historia, no habría jamás otra mujer que Rebeca y no descansaría hasta encontrarla. Mientras tanto, todos sus sentidos estaban puestos en la lucha que libraban.

La realidad lo despertó del ensueño con brusquedad, aún atolondrado se levantó rápidamente al escuchar los gritos de varios hombres que alentaban a otros dos a pelear revolcándose en el suelo. Iracundo se dirigió hasta ellos y sus pasos cimbraron la tierra.

- ¡Sepárenlos de inmediato! –al decir esto se puso en medio de los dos- ¡Martín! ¡Martín!
- ¡Yo no tuve la culpa! –dijo uno de los que permanecían aún en el suelo limpiándose

la sangre del rostro- ¡La culpa la tuvo este pinche infeliz!

- ¡Deberías ser más hombrecito! ¿Crees que me iba a dejar *bajar* a la Rosario así nomás? ¡Estás pendejo! –contestó el otro que era detenido por otros hombres que intentaban detener la pelea.
- ¡No quiero pleitos aquí, mucho menos por culpa de faldas! La próxima vez se me largan mucho a la…. -"El Águila" se escuchó sumamente molesto-

El hombre más agresivo, enfurecido por la pelea y más aún, por la forma en que les estaba hablando "El Águila", se le enfrentó sin ningún respeto. Los hombres que lo sujetaban quisieron someterlo pero con la mirada, el dirigente les indicó que lo soltaran.

- Mire… "Águila", *pa'* la batalla estoy a sus órdenes, pero *pa'* asuntos personales como este, mejor ni se meta, no es de su incumbencia ¿entendió?
- Óyeme bien, infeliz, aquí mando yo, y no voy a permitir que pelados como tú vengan a poner desorden… -dirigiéndose a todos- Y al

que no le parezca, ¡que se largue de una vez! -y con dedo de fuego señaló al rebelde- ¡lo digo por ti!

- ¡Fíjese que eso no se va a poder, cabrón! ¿Se cree muy valiente? ¡No es más que un pinche farsante!

Sin decir más se le fue encima a golpes."El Águila" reaccionó de inmediato y en cuanto pudo, le hizo una señal a Martín para que nadie se metiera en la pelea. El asunto debía resolverse personalmente y demostrarles por qué él era el líder, hacerles saber de una vez por todas que aquí también existía la disciplina y que estaba dispuesto a todo con tal de que fuera respetada. El intercambio de golpes fue incesante y en sus caras poco a poco aparecieron las huellas de la feroz pelea. En cierto momento, la superioridad del "Águila" se hizo evidente pero al tiempo que cerraba el puño para asestar el último golpe; un raro sentimiento lo invadía, una extraña sensación le recorría el cuerpo, el coraje era contrarrestado por la compasión. El derrotado mantenía los ojos cerrados, esperando el puñetazo de remate que daría por terminada aquella aleccionadora pelea. Grande fue su sorpresa al sentirse liberado de la presión que ejercía la mano que se aferraba a su camisa, que le estrangulaba el pecho, ya en libertad se desvaneció cayendo exhausto al suelo. Reinó el silencio, el vencedor erguido, orgulloso, se enfiló hacia el río para limpiar la suciedad de manos y ropa. Los hombres le abrieron paso formando una valla y nadie se atrevió a mirarlo de otra manera que no fuera con respeto. A punto de desaparecer, le dio las últimas instrucciones a su mejor amigo.

- Quiero que este hombre abandone el grupo, no quiero volver a verlo cerca...-dio unos pasos más y se detuvo- Ignacio... necesito hablar contigo.

Poco a poco se restableció la calma. El hombre que momentos antes hiciera gala de rebeldía, recogía avergonzado sus pocas pertenencias y a paso apresurado se perdió en la distancia y el olvido. Ignacio llegó al río a donde estaba "El Águila" y se sentó junto a él.

- *Pa'* que soy *güeno*, su *mercé*...
- No me lo vas a creer, Ignacio, pero... bueno, a raíz de las cosas que has dicho anteriormente acerca de tus predicciones, quisiera que me dieras tu punto de vista... sobre... -se mostraba un poco escéptico en creer en los dones del vidente, pero no quería dejar lugar a dudas- ¿te han dicho algo las estrellas a cerca de nuestra llegada a Los Rosales?
- ¿Ora sí me cree?

- Siempre debemos creer en algo, o en alguien. Pienso que tienes un don especial ya que no te has equivocado en tus predicciones pasadas. De cualquier manera me sirve escucharte porque me haces ver otras posibilidades, darme cuenta de cosas que quizás están pasando inadvertidas. Lo más importante es que sé que eres que eres un buen hombre y haces todo lo posible por ayudarnos, protegernos, por servir a la causa.
- ¡Qué güeno que me crea! Y sí... yo sé muchas cosas... -con una ramita comenzó a dibujar signos en el suelo-.
- ¡Anda! ¡Cuéntamelas! -sus ojos se clavaron en los del indio queriendo absorber con la mirada todo lo que sabía-.
- No es nada malo, sólo hay que andar abusados. Le van a querer *lavar el coco* los del gobierno, van a tratar de echarle al pueblo encima inventando rete hartas mentiras de *asté*: *qués* malo, *qués* de jueras, *qués* mentiroso. A lo mejor quieren hablar con *asté* en Los Rosales *pa'* llegar a un acuerdo, *nomás* no se fíe ni les crea todo lo que dicen. Yo creo en

el movimiento, en el valor de los muchachos, en que peleamos por lo justo, pero sobre todo, yo confío en *asté...*

"El Águila" apoyó la mano sobre el hombro de Ignacio y lo apretó con fuerza.

Tras varios intentos, por fin Martín logró que Azucena tomara sus insinuaciones en serio. Todo ocurrió en una de las ocasiones en que la mujer fue al río a traer agua en compañía de otras mujeres, para preparar café. Era ya casi de noche y Martín, sigiloso, las siguió. Entre ellas iba la rozagante Micaela que guardaba un gran aprecio por él. Las mujeres reían alegres contando anécdotas y haciéndose bromas, secreteándose, hablando de los hombres. Llenaron los baldes de agua, divertidas, y retornaron al campamento quedando Micaela hasta atrás, rezagada. De pronto, Martín le llegó por la espalda y le tapó la boca para que no gritara, los ojos de la pobre mujer se abrieron tanto que parecía que se saldrían de las cuencas por el susto.

- ¡Shhh! -La calló Martín- No te asustes, Micaela, soy yo, ¡Martín!...
- ¡Estúpido! – y al decir esto, se zafó del brazo y trató de darle unas bofetadas- ¡Maldito! ¡Infeliz!
- ¡Cálmate, gorda! ¡no es para tanto!... ¿me

perdonas?

- ¡*Pos* qués lo que *quéres*! ¡¿Por qué me *asustátes* así?!
- Es que quiero que me hagas un favor y *nomás* así podía pedírtelo….
- ¡¿Y *qués* lo que *quéres pués*!?
- Quiero que Azucena se aparte de las viejas porque necesito hablar con ella, *ton's* tú te llevas a las otras y luego llego. Si "El Águila" pregunta que *onde* ando le dices que me viste por el río, que al rato llego.
- ¡*Nomás* porque me caes bien, méndigo bigotón! Sino… ¡te mato!

La gorda Micaela corrió para darles alcance a las mujeres, tras ella, escondiéndose, iba Martín. El grupo se había detenido adelante, preocupadas de que algo malo le hubiera pasado a su compañera. Micaela llegó agotada y jadeaba alarmantemente por la carrera, sudorosa, colorada, con la barriga que subía y bajaba empujada por los pulmones. Al llegar les inventó un cuento poco creíble, sobre extraños ruidos que salían en la maleza, y ella, curiosa como era, se detuvo a investigar. Narró exagerada y dramática cómo entre sombras aterradoras y sollozos estremecedores, salió huyendo a toda prisa pues "un espíritu maligno" la iba a atacar y lo peor de todo, es que en la escapada extravió un camafeo de porcelana, recuerdo de su amada y difunta abuelita.

Según ella, era una joya que perteneció a una rica hacendada con fama de bondadosa, que normalmente solía obsequiar algunas de sus valiosas pertenencias a la gente que estaba a su servicio; en este caso, su abuela. Poco creyeron la ridícula historia, a decir verdad, se burlaron de ella. Micaela se indignó por la actitud de sus amigas y dejó rodar por sus grandes cachetes una que otra lagrimita. Dijo que se sentía muy triste por la pérdida del objeto que poseía un valor sentimental incalculable. Insinuó que deseaba que alguna de ellas la acompañara de regreso para ver si lo encontraban, dirigiéndose particularmente a Azucena.

- ¡Dios mío! ¡Era el único recuerdo que guardaba de mi abuelita Queta! ¡Abuelita, perdóname!
- ¡Ay, ya, Micaela, no es para tanto! –refunfuñó una-. Si quieres yo voy a buscarlo…
- ¡No! Mejor que vaya Azucena, ella corre más rápido… yo la he visto - se adelantó maliciosa-.

Azucena torció la boca descontenta, pero no le quedó otro remedio que acceder. Micaela al verla partir y perderse de vista en una quebrada del camino, sin dar más explicación animó a las otras a seguir en marcha, ya después Azucena las alcanzaría, y como siempre, se salió con la suya.

Martín fumaba un cigarro nervioso y atento a cualquier ruido, de pronto, de entre la poca luz de la luna que se filtraba por los árboles reconoció el rostro de su morenita. Como un tigre cazador le salió al paso y ella, pálida y temblorosa dejó escapar un grito que se ahogó sumergido entre la sinfonía nocturna. En ese momento comprendió que todo era una trampa urdida por Martín y Micaela. Del miedo pasó al coraje, al punto de írsele encima a golpes.

Rodaron por el suelo, las nagüas de Azucena perdieron el pudor y se levantaron dejando al descubierto las hermosas piernas que tiraban patadas sin tregua, mientras que las piernas de él intentaban someterla como tijera. En el forcejeo ella perdía la cordura, él el aliento, la noche la inocencia, la blusa… los botones. El par de bellos senos eran acariciados por el frío, por él. Azucena destilaba olor a yerba, poco a poco su fuerza fue cediendo ante las cándidas y hambrientas manos de Martín, quién trataba de no lastimarla, de soportar los golpes que en manos de ella, eran caricias. Llegó el momento en que la mujer ya no tuvo fuerzas, sólo se quedaron mirando fijamente. Ante la cercanía de los labios de ambos, se besaron, pudieron leer en sus ojos que se amarían por siempre, allí estaba escrito, en las pupilas, en los ojos que son las ventanas del alma. Juraron amarse para siempre, por toda la eternidad.

Esa noche en particular era especial para "El Águila", debían trazar un plan, una estrategia por si era verdad lo que decía Ignacio. Si el gobierno en realidad quería llegar a un acuerdo, tendrían que cumplir primero con ciertos requerimientos y peticiones. Era difícil creer que habría esa disposición.

Las cosas llegaron demasiado lejos, "El Águila" vivía con la zozobra de que en cualquier momento le saldría al paso la vestida de blanco, la indeseada, la de la sonrisa eterna, la bendita muerte. Extrañamente hasta ahora se seguían abriendo puertas, señales de triunfo... quizás estaba descansando, o dormida.

Habría una reunión para nombrar a los hombres más preparados como grupo de negociación. Hombres con sabiduría, prudencia, conocedores del objetivo y finalidad que los empujaba a alzarse, sabedores de los problemas que aquejan al pueblo, justos, pero lo más importante, que fueran honestos e incorruptibles, que no cedieran ante las seguras ofertas que les ofrecería el gobierno para comprar su silencio y manipular su voluntad.

Cuando llegó el momento de la asamblea, Cristóbal dio lectura a los hombres sobre los puntos importantes a tratar esa noche, así mismo les pidió que fueran haciendo un consenso para elegir a los compañeros que los representarían ante las autoridades en caso necesario. Nombres y apodos comenzaron a barajarse, el murmullo semejaba el de un colmenar tupido de abejas, los seleccionados fueron llamados uno a uno al frente en voz alta. Los elegidos se levantaban al escuchar su nombre: unos precedidos de aplausos, otros, como era de esperarse, apabullados con tremenda silbatina. Uno de los seleccionados fue Luis Ramírez, apoyado por la gente de Los Laureles. Después de largo rato y forcejeadas votaciones, quedó constituida la comtiva y en ese momento, "El Águila" tomó la palabra.

- Bueno, ahora sólo queda esperar, mañana temprano salimos y quizás al medio día estemos llegando a Los Rosales. Quiero que un grupo pequeño de hombres se adelante, para que no haya sorpresas.
-

"El Águila" se retiró a descansar y ni tardo ni perezoso "El Pulques" comenzó a guasear con sus compañeros.

- ¿Ton's qué, Martincito? ¿nos echamos un tequilita o te va a salir lo maricón?

- No empieces, "Pulques", ¿no ves que se enoja el jefe?
- ¡Pos sí, *verdá*! Oye, ¿por qué no nos recitas un poemita chingón, *désos* que te salen re bonitos?
- Si quieres yo le empiezo -se adelantó Juan-: "¡Oh! Flor de calabaza,

 pelos de zacate

 labios sabor ajenjo,

 y cuerpo de barril..."
- ¡Ora yo! ¡ora yo! –replico "El Pulques": "Mi corazón late,

 como burro sin mecate,

 mis ojos brillan,

 al verte las pantorrillas, se alegran los corazones,

 al verte los calzones..."

Todos estallaron en risa con el improvisado verso del Juan y "El Pulques", excepto Martín, que furioso les asestó un sombrerazo a cada uno. Cristóbal se acercó a ponerlos en paz en medio del desorden total. La hoguera se extinguió más rápido que de costumbre. Muy pronto el silencio echó raíces. El aguardiente sobreviviría una noche más....

"En todo momento de mi vida hay una mujer que me lleva de la mano en las tinieblas de una realidad que las mujeres conocen mejor que los hombres y en las cuales se orientan mejor con menos luces."

Gabriel García Márquez

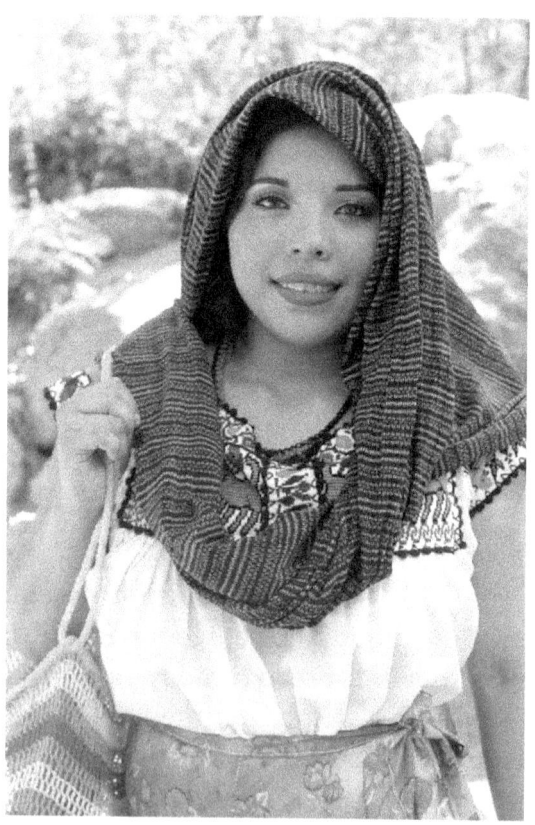

"UNA ESPERANZA PARA LA PAZ"

11 De Marzo

✱ ✱ ✱

A las seis de la mañana salió Luis Ramírez con tres acompañantes rumbo a Los Rosales. Hombre de mirada recia, lampiño, de baja estatura. Su bisabuelo vino de la península Ibérica, don Ricardo Ramírez, comerciante oriundo de Málaga, España. Tardó más en desembarcar que en enamorarse de una indígena de nombre Xóchitl, que laboraba como parte de la servidumbre en casa de otros comerciantes madrileños, amigos suyos. De esa relación nacieron 10 hijos mestizos. Uno de esos hijos se desempeñó como trabajador en la hacienda "La Purísima"; Ramón Ramírez, quien a su vez procreó 9 hijos, uno de ellos Luis, quien durante toda su vida permaneció en la hacienda, era el único mundo que conocía y contrariamente a estar acostumbrado a los abusos y al ambiente de esclavitud con el que eran tratados, el sentimiento de buscar la equidad y la justicia siempre se anidó en él, como algo intrínseco, genético.

La misión de estos hombres era indagar lo que

sucedía en el poblado, ver si era lugar seguro para que pudieran arribar los otros. Iban pensativos, los otros tres restantes eran jóvenes; Raúl fungía de maestro, Daniel pasante de leyes y el último, Agustín, quien hacía poco se había recibido de ingeniero y regresado de la capital. Eran la mejor elección. Siguieron el camino en silencio un par de horas más.

Por su parte "El Águila" y el pequeño ejército partieron dos horas después que el grupo de avance.

La noche anterior a Juan se le ocurrió proponer a su amigo "El Pulques" sin su aprobación y con razón, pues sólo al escuchar el nombre todos echaron a reír, lo que significó una gran ofensa. El frío de la mañana no había logrado mitigar el coraje del ofendido. La amistad que los unía era muy fuerte a pesar de que tenían relativamente poco tiempo de conocerse, caminaban uno al lado del otro. A pesar del enojo de "El Pulques" y su desesperante indiferencia, Juan marchaba fiel junto a él, seguro de que pronto quedaría borrado el incidente. A las diez de la mañana se encontraron en el camino a Daniel y a Raúl que regresaban a todo galope a rendir informes.

- ¡"Águila"! Allá en el pueblo hay mucha gente esperándolo –Raúl se escuchaba emocionado, contento- , muchos *trajeados* quieren hablar con usted.

- ¿En dónde están los demás? -preguntó al no ver a Luis y a Agustín-.
- Se quedaron *echando ojo*. Me mandaron decirle que se apuren, que no se ve problema, eso sí, hay mucha gente esperándolo: hay soldados, políticos, periodistas… ¡hasta parece que va a haber fiesta!

Acordaron que no era prudente que fueran todos, quedarían a merced del ejército ya que podría tratarse de una posible trampa. Era el momento de actuar con inteligencia, el tiempo de que los escogidos hablaran.

Martín se iría a su lado, como siempre, Cristóbal permanecería junto a los que se quedaran en la retaguardia. En todo momento tendría que haber vigilancia. El dirigente habló con sus hombres antes de partir, les hizo hincapié que en su ausencia, Cristóbal era el jefe, que en caso de que él no regresara, el viejo tenía su autorización para actuar como creyera conveniente. Federico pidió acompañarlo. Eran tantas sus ganas e insistencia que consiguió su objetivo. Ignacio se quedó también, aprovecharía el tiempo para rezar y proteger a los que se alistaban a salir.

- Oye bien lo que voy a decirte, Cristóbal –el aguerrido insurgente tomó por los hombros al anciano-, tú sabes qué hacer si no regreso, si no nos volvemos a ver estaré tranquilo, porque eres un hombre valiente e inteligente que seguirás adelante con los muchachos sin mí. Estén muy atentos. Trataré de tenerlos informados todo el tiempo.

"El Águila" y veinte hombres montaron sus caballos y marcharon con rumbo a Los Rosales con Raúl y Daniel de regreso. Ahora se estaba a punto de escribir una parte importante de la historia, quizás, la definitiva. Ignacio los contempló irse, murmurando enseguida una oración.

- "Axcan tona, tlathui
Quitoznequi itla yancuic mochichua,

Yancuic tlamanitiliztli onpehua.

Anozo tlatoani motlalia mopepena…"

*Del náhuatl: "Ahora irradia, ilumina algo nuevo acontece, empieza una nueva ley. O quizás se establece, es elegido un tlatoani."

En Los Rosales les esperaba un gran recibimiento. Una multitud aguardaba en las calles, a la expectativa. Hombres impecablemente vestidos de traje y zapatos de charol resaltaban entre los que vestían ropa de manta y huaraches. Cautelosos desmontaron en cuanto llegaron a la entrada de un auditorio. En la puerta aguardaba Luis. Los elegantes hombres lo saludaron dándole a conocer nombres y cargos. Discretos pero visibles, los soldados del ejército observaban apostados en casas y construcciones de dos pisos. Los naturales del pueblo se mantenían en la incertidumbre, pues era inquietante ver ese despliegue de armas y uniformados en una zona tan tranquila.

Las mujeres metieron a los hijos a sus casas, como las hembras ponen en resguardo a sus crías cuando ven acercarse una peligrosa tormenta.

Federico iba erguido, valeroso sintiéndose protagonista de la escena. Para Martín significaba peligro y sus ojos y oídos estaban atentos, más que nunca. El interior del auditorio estaba repleto de periodistas, guardias de seguridad, gente que los apoyaba y lanzaba vítores, así como curiosos e inconformes que los maldecían. En medio de flashes de cámara y la multitud, llegó hasta el lugar que le asignaron, en una mesa grande al fondo del salón, a su derecha se sentó Martín, Daniel y Raúl, a su izquierda Luis, Agustín y Federico. Algunos de sus hombres se quedaron afuera vigilando, y otros más se dispersaron dentro del recinto. En la mesa había micrófonos frente a cada silla, vasos con agua, hojas de papel y lápices por si querían tomar apuntes.

Tardaron quince minutos en organizar el acomodo de los invitados en la mesa principal. "El Águila" no atinaba a adivinar quién de todos esos capitalinos era el principal. De finos modales iban y venían constantemente secreteándose, pero nadie ocupaba la silla vacía justo en medio de la mesa. Martín, nervioso, salió a echar una mirada a la calle y se percató de la llegada de varias camionetas, de las cuales descendían hombres armados con pistolas a la cintura. Se movían rápido, ágiles a pesar de la corpulencia de algunos de ellos.

A través de radios se comunicaban los de afuera con los de adentro. Sin entender bien que sucedía, Martín entró a prisa hasta llegar a uno de los encargados de la seguridad que resguardaban la mesa.

- Oiga, ¿quiénes son ésos que acaban de llegar?

- Vienen con el Licenciado Orduña -contestó disimuladamente en voz baja-, lo mandaron del gobierno para arreglar esta bronca... ¡Ah, pues mírelo! -dijo señalando hacia la puerta de entrada- Es ése que viene de camisa blanca y pantalón gris.

Orduña entró como si fuera candidato de algún partido político en plena campaña electoral: sonriente, con esa sonrisa pre fabricada estudiada concienzudamente para acarrear votos, saludando de mano a las parvadas de manos que peleaban por ganar un apretón suyo. Sobrado de autoestima, radiante. Cuando estuvo frente a frente con "El Águila" le tendió la mano confianzudo, como si se conocieran desde hace mucho tiempo, con amabilidad sintética, desechable. El insurgente en cambio, le devolvió el saludo con un fuerte apretón, le hizo probar esa mirada verde olivo, poderosa y determinante que daba honor a su mote: no sonrió, aún no había motivo para hacerlo.

Después de recorrer la mesa saludando a los invitados, el licenciado ocupó su lugar en la mesa y se sentó. Uno de los secretarios le acercó un micrófono y dieron así inicio las pláticas para una posible negociación, sería una larga jornada, pero estaban dispuestos a aguantarla.

Los campesinos y hombres del pueblo no perdían

detalle de las maniobras de secretarios y guardaespaldas capitalinos, era una especie de circo en donde los co-protagonistas competían por darse a notar, salir en las fotos, por llamar la atención enfundados en sus incómodos disfraces de casimir barato sudando la gota gorda. En las cabezas de los espectadores rondaban las mismas preguntas: ¿A quién le hablaran tanto por esos radiecitos? ¿Qué tanto chisme dirán? ¿No sería mejor que se sentaran como nosotros a escuchar a su licenciado? Era un espectáculo novedoso y divertido. En el pueblo nadie cuidaba a nadie, eran lo suficientemente machos para arreglárselas solos.

En el campamento las horas pasaban lentas, Cristóbal se paseaba nervioso, eran cerca de las cinco y media de la tarde y no llegaban noticias de lo que estaba sucediendo en la reunión del pueblo. En su cabeza se tejían infinidad de historias inclinadas al pesimismo, con fatales desenlaces. Ignacio se retiró del grupo como de costumbre para orar. Micaela aprovechó el momento para acercarse a él, se le sentó muy junto y permaneció contemplándolo unos minutos.

- Oye, Ignacio, ¿*quéres* tu té? –se atrevió a decir tímida, rompiendo la concentración del indio que rezaba.
- ¡*Orita* no estoy *pa'* tés! ¡Lárgate de aquí, Micaela! ¡Vete con las demás viejas a hacer

tortillas, o café!
- ¡*Pus* qué grosero te *volvites*!... ¡indio apretado!
- ¿No ves que este momento es rete importante *pa'* nosotros? –Ignacio le contestó un poco arrepentido por la brusquedad con la que le habló antes- Tengo que pedirle a Dios que nos socorra, que proteja a los muchachos *ora* que se fueron *pa' llá.*
- *Pos* eso ya lo sé, *nomás* que nunca me haces caso, siempre me tiras de a loca -Micaela hacía pucheros, los ojos se le llenaron de lágrimas.
- ¡*Pos* es que siempre andas con tarugadas! ¡Con burradas!
- ¿Qué no te gusto ni tantito? – se animó por fin a preguntar mientras sendas lágrimas rodaban por sus mejillas, las cejas caídas la hacían verse como una niña atormentada.
- ¡Ay, Micaela! Mejor otro día hablamos *déso*, *ora* deberías a ponerte a rezar con las demás... ¡en lugar de estar pensando tarugadas!
- ¡Ora pués! –se resignó a decir Micaela

limpiándose los mocos de la nariz con el rebozo- , ¿Me prometes que *a luego* platicamos?

- ¡Sí, mujer! Te lo prometo....

Micaela se fue corriendo a llamar a las mujeres y al cabo de un rato, llegaron a arrodillarse tras Ignacio y se unieron a sus oraciones, algunos hombres también lo hicieron y pronto el coro de invocaciones cautivó a las aves que como sombras en el horizonte, regresaban a casa a esconderse con el sol, a los árboles, al río intermitente, cristalino, a los animales, a la neblina suave, de algodón, al viento que respetuoso guardó silencio. Todos permanecieron atentos a lo que sucedía.

Cristóbal se sintió tranquilo, los ojos se inundaron de lágrimas de emoción, las plegarias fueron como dardos que dieron en el centro del cielo, abriéndole el pecho y rasgando el firmamento; así fue como descubrió a Dios, mirándole desde lo alto, no estaban solos, Él estaría siempre a su lado. El viejo lo sabía ahora con certeza.

Cristóbal nació en una humilde choza en medio de la selva. En el lugar que servía como establo, había un gran madero colgando horizontal a un poco más de un metro de altura, del cual eran amarradas las vacas para ser ordeñadas. Allí, María Trinidad, su madre, al sentir que el agua de su vientre salía de entre sus piernas a raudales, cual aguas salvajes, tibias e imparables, apoyó de espaldas los brazos en el madero, y ayudada por su esposo pujó, pujó hasta partirse en dos. El dolor era insoportable. María apretaba los dientes, el rostro ardiendo, empapada en sudor, crispando las manos. José, su esposo, nervioso secaba el sudor y esperaba con una vieja manta en el brazo. De repente un grito profundo y el llanto de un bebé. José lo tenía, con la experiencia de haber hecho la misma operación doce veces antes, limpió al recién nacido y le cortó el cordón umbilical con una navaja. María mientras tanto se dejó caer en la cama de paja, muerta de cansancio. El marido limpió cuidadosamente al bebé con el agua tibia de un balde y al terminar, lo acomodó en el pecho de su esposa.

- Mira, María… es un varoncito…
- ¡Qué bonito! -exclamó la mujer con voz apagada- ¿Ves? Diosito te concedió el niño que querías. Quiero que se llame José, como tú.
- No… -dijo José acariciando la frente de María- Se llamará Cristóbal, como el Padre que tanto nos ha ayudado… ¡Cristóbal!

Las tierras donde vivían eran ricas en maderas preciosas, asediadas por taladores ilegales. Muchos de los habitantes de la zona salieron huyendo, fueron amenazados, obligados a vender a precios ridículos so pena de ser asesinados. José nunca temió a las represalias, se negó a abandonar el único patrimonio de sus hijos, ese ejido era herencia de su padre. Sobrevivían gracias a la venta de madera, huevo, gallinas y leche. María bordaba mantelitos, colchas, sweaters y gorros que cada semana iban a vender al pueblo que quedaba a dos horas de su granja.

Trece niños corrían y jugaban entre los árboles, atrapando mariposas, peces en el riachuelo, sus risas eran música para mamá que bordaba, como toda una artista, flores de bellos colores. Papá ordeñaba silbando una alegre canción, contento mientras las vacas movían la cola como batuta de director de orquesta. Sigilosos, seres sin alma avanzaban como serpientes, poseídos por la avaricia, carentes de compasión y misericordia. Como si fuesen venaditos fueron cazando a los pequeños, que caían como pesadas rocas sin vida. Los disparos alertaron a los padres, María gritó como loca el nombre de cada hijo, sólo Cristóbal que jugaba cerca entró corriendo a la casa y se escondió debajo del catre. José agarró la escopeta y enfurecido los enfrentó, pero la lluvia de balas que salían disparadas de la zona arbolada llenaron de plomo su piel, la rompieron y por las heridas salió volando su alma. María corrió a abrazarlo, se arrodilló y lo sacudió para hacerlo regresar, le acarició desesperada la cara manchándose de sangre las manos, la boca que le besaba los ojos. Las balas malditas hicieron blanco en ella también, y cayó de bruces sobre su amado esposo. Cesaron los balazos y así como llegaron los demonios, se esfumaron dejando desolación y muerte a su paso. Cristóbal fue el único sobreviviente de ésa masacre. El sacerdote lo llevó a vivir con él y se convirtió en un verdadero padre para el niño huérfano. Por eso Cristóbal era un hombre de fe, un hombre bueno tan religioso y apegado a Dios.

Mientras tanto en el auditorio seguía el diálogo, llevaban varias horas y faltaban todavía más. "El Águila" ya había expuesto el motivo que los empujó a tomar la decisión de inconformarse. Leyó las peticiones y exigió respuesta a las dudas de la gente que representaba.

Algunas de las peticiones fueron aceptadas sin objeción, otras, serían consultadas por el Licenciado Orduña a las autoridades correspondientes. En cierto momento, el líder de la gente del pueblo llamó disimuladamente a Martín para que enviara a una persona al campamento e informara a Cristóbal lo que pasaba, ya que a esas horas, seguramente la preocupación era grande. A las siete de la tarde se dio por terminada la jornada de pláticas y acordaron reanudarlas al siguiente día.

En un hotel cercano se tenían listas habitaciones para alojar a los invitados por esa noche. Una oleada de periodistas cayó sobre los fatigados hombres y los abrumaron con preguntas y fotografías.

Algunos reporteros cuestionaron al caudillo sobre su vida privada: mientras algunos entrevistados aparte contestaban con seriedad, él se divertía respondiendo cosas absurdas, ambiguas, por primera vez en mucho tiempo hizo derroche de humor, tal vez porque se sentía un poco relajado al saber que estaba siendo por fin escuchado no sólo por el país, sino por el mundo entero.

Cuando en el campamento recibieron noticias de lo que estaba pasando en el pueblo se sintieron más tranquilos, ya comenzaba a oscurecer y Cristóbal se dispuso a descansar un poco, pues a esa edad, la tensión causaba estragos en su viejo cuerpo. De tanto ir y venir nervioso esperando noticias de Los Rosales, sus pies lucían hinchados como globos.

Una de las mujeres se acomidió a frotárselos con aguardiente y se los puso en lato usando un morral como sostén. En anciano se quedó dormido inmediatamente y Juan se encargó de organizar los grupos de vigilancia y cuidar que todo se mantuviera en orden.

- Descansa un rato, viejo canijo, pa' que mañana estés *al tiro.* ¡A qué mi viejito tan canijo! -y el bueno de Juan le echó una cobija encima.

"Si no tenemos paz en el mundo, es porque hemos

olvidado que nos pertenecemos el uno al otro, que ése hombre, ésa mujer, ésa criatura, es mi hermano o mi hermana."

Madre Teresa de Calcuta

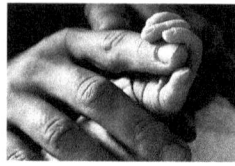

"HABLEMOS CLARO, SEÑORES LICENCIADOS."

12 De Marzo

✽ ✽ ✽

Después de un desayuno como no habían probado jamás algunos de ellos, compuesto por: huevos con jamón, *hot cakes*, pan con mermelada y mantequilla, jugo de naranja y café con leche, se fumaron un cigarrillo. Los confundían tantas atenciones, incluso uno apodado "El charro", le sacó la pistola al mesero cuando éste intentó retirarle el plato. "El Águila" tuvo que instruirlos un poco en sus modales y calmar los ímpetus de uno que otro alebrestado.

Al terminar de comer se dirigieron al auditorio en donde el Licenciado Orduña ya los esperaba. Se abrió la sesión. Después de la bienvenida oficial, se dieron las presentaciones y el protocolo correspondiente a los actos públicos, Orduña comenzó a leer con voz grave y matizada como locutor de radio, un discurso complicado, con palabras rebuscadas que en algunas ocasiones, parecía que no tenían sentido. Era un discurso que seguramente ni él mismo entendía, escrito por los brillantes "asesores" que forman parte del séquito de políticos algo encumbrados. Para colmo, los oradores que siguieron a continuación hicieron lo mismo, uno tras otro, provocando bostezos y descontento entre el público. Llegó un momento en que era tanta la falta de atención, que los murmullos se volvieron descarados junto con las risillas burlonas disfrazadas de tos.

- Oye, Federico ¿ya te *fijates* una cosa? -comentó uno en voz baja señalando a un trajeado venido de la ciudad- El licenciadito aquel tiene la cara bien lisita, como vieja….
- ¡Cállate, Toño, que nos va a regañar el jefe! -lo increpó el compañero de al lado dándole un codazo en las costillas.
- Si *cierto* -intervino un tercero- ¡Hasta acá llega su *perjume* apestoso, como el que usaba mi patrona!
- - ¡Se llama loción, güey! – y aguantándose la risa, Federico le metió un pisotón.

Después de un tiempo que pareció eterno, los aplausos despertaron a la adormilada y aburrida concurrencia. Al escuchar por parte del maestro de ceremonias que era el turno de hablar para "El Águila", los concurrentes se reacomodaron en los asientos, reinó un silencio expectante y atentos esperaron las palabras de aquél hombre que muy seguro de sí mismo, había logrado captar la atención del mundo entero, de un mundo que gira a toda velocidad haciéndolo detenerse de golpe en ese punto tan insignificante de su geografía, ante la indiscreción de una cruda realidad: la existencia de millones de hombres, mujeres y niños ignorados por generaciones en un sistema encaprichado a toda costa en lucir ante la humanidad como una nación próspera y justa, cuando en realidad, en las entrañas el pueblo se revela angustiado, impotente, dispuesto incluso a morir en busca de una vida digna, de justicia y equidad, asediado por el hambre, la miseria y la inseguridad.

- "Mire, licenciado Orduña -comenzó su discurso "El Águila" con voz firme- , con todo respeto déjeme decirle algo; usted representa unos intereses y yo otros, encontrados por cierto, pero estoy seguro que a usted lo mandaron a confundirnos, y así, ponernos quietos.

Para acabar pronto, le diré que a esta gente levantada del pueblo, que irónicamente llaman "soberano", usted no la puede confundir, porque ellos saben lo que quieren y tanta palabrería y demagogia ni la entienden, ni les interesa. Es decir: que diga lo que diga, como si no lo hubiera dicho. Si la paz que nos propone es la que había antes del levantamiento, señor, esa es la "paz" que no queremos. Esa paz que ve a los indígenas como parte del paisaje para el disfrute de los turistas, sin darles la oportunidad de participar en la dirección de su destino… ¡gobernados por caciques!

O la paz de los cementerios repletos de tumbas de inocentes que murieron enfermos, por el delito de ser pobres, por falta de asistencia médica.

Quizás es la paz resultado de la ignorancia, pues la gente no puede plantear ni resolver complicadas interrogantes si carecen de escolaridad.

Esa paz que la es, porque no padece las inquietudes del alza y baja de la *bolsa*, del petróleo, del uso de una tarjeta de crédito, del correcto y más útil aprovechamiento de la tecnología.

¡Esa paz interrumpida sólo por el gruñir de las tripas retorciéndose de hambre! ¡Ésa es la paz que no queremos! -y dando un fuerte golpe en la mesa hizo contener el aliento de los que lo escuchaban atentos-. Le ruego pues, que nos diga cómo se va a remediar la injusticia de que siendo tan pródiga la naturaleza de nuestro país, tan productiva la nación, esa riqueza nacional y los impuestos que genera no puedan llegar al pueblo de hasta abajo, que somos los más. Que un papel notarial no haga dueños de la tierra a quienes la habitan, si ellos son parte de la tierra misma, porque allí han vivido arraigados por generaciones, porque en ese lugar piensan vivir por siempre y morir. Ellos son los que le dan valor a la tierra y no reciben nada a cambio, viven como seres silvestres atenidos a la providencia divina.

El problema no es mío, ni del reducido ejército que ustedes ven, sino de millones de personas a quienes se les considera vivir en un país civilizado, pero que son privados de gozar de los bienes de esa civilización, porque esos bienes quedan en muy pocas manos.

Esta situación no es de ahora, o comenzó hace poco, ha existido siempre y no se le ve fin a este sistema abusivo de dominio y explotación...Sería muy tardado exponer aquí mismo las peticiones que hacemos, por lo mismo se las he entregado por escrito para que con calma las estudie y analice junto con las autoridades correspondientes... ¡Así que prosiga usted con su discurso, señor licenciado!"

Los representantes gubernamentales quedaron paralizados, por sus caras demostraban que el golpe había sido duro. Los acompañantes del líder de los reprimidos se levantaron de sus asientos emocionados y aplaudieron a rabiar seguidos por la multitud, era como un dragón adormecido despertando de su letargo, rugiendo con furia, con el poder que da la unidad. El gigante de miles de brazos y bocas despertaba ansioso.

El licenciado Orduña sí entendió el mensaje: eran los reclamos de siempre, sólo que expresados de manera diferente, de forma más decidida y concreta. Le acercaron el micrófono para hacer su réplica.

- He comprendido perfectamente bien lo que quiere decirme, señor…. ¿cuál es su nombre? No soy muy afecto de llamar a las personas por sus apodos…
- Soy "El Águila", así, a secas…
- Muy bien… "Señor Águila" -respondió titubeante, sabiéndose incapaz de dar una respuesta clara y precisa. Se sentía acorralado e intimidado por la presencia de tantos observadores-. Le propongo que nos dé tiempo para encontrar una solución que convenga a ambas partes. Le prometo que el caso será analizado minuciosamente. Mientras tanto le pido que mantengamos la calma y evitemos a toda costa la violencia. Sólo deme unos cuantos días, verá como la cosa no es para tanto.

"El Águila" se levantó del asiento al concluir la participación de Orduña, e inmediatamente después sus acompañantes hicieron lo mismo. Antes de retirarse lanzó un último comentario al licenciado.

- ¿Cuánto tiempo necesita?

- No lo sé exactamente…-respondió Orduña- quizás una semana…
-   Está bien, espero que sea un hombre de palabra, yo lo soy. Con mis hombres aguardaré con paciencia noticias suyas, pero sólo una semana. Si al llegar la fecha no hay resultados, le prometo que seguiremos adelante con nuestra lucha y esta vez, con más coraje que antes.

El gallardo hombre salió del auditorio seguido por su escolta, el público lo aclamaba, jubilosos aplaudían y repetían al unísono su nombre: "¡Águila!". No concedió entrevistas al enjambre de reporteros que se arremolinaban a su alrededor con los micrófonos para robarle unas palabras. Entre empujones y apretones llegaron a los caballos que estaban listos y montaron. A duras penas se abrieron paso y partieron galopando, dejando tras de sí cientos de semillas de libertad.

Orduña se quedó hablando con representantes del pueblo y dando entrevistas, dándose ínfulas de gran señor, saboreando las atenciones de que era objeto. En los ojos de los indígenas que veían la nube de polvo de la caballería alejarse, brillaba una luz de esperanza, sus vidas ya no serían como antes.

En el campamento, los vigías se apresuraron a avisar a Cristóbal de la llegada de la comitiva. Se armó una gran algarabía festejando el regreso con bien de los compañeros, los recibieron con abrazos de alegría y emoción. Carmen se echó a los brazos de Martín y lo beso con amor, con pasión sin importarle las miradas de morbo que no perdían detalle del encuentro. Pasados los primeros momentos de emoción llegó la calma y "El Águila" enfiló sus pasos hacia el punto central del campamento, allí se fueron acomodando sentados en el suelo.

Comenzó la junta en donde dio los pormenores del encuentro, detalle a detalle, nadie lo interrumpía, estaban atentos, más en algunos rostros existía decepción. Por primera vez, voces inconformes de alzaron por encima de las que pedían a gritos que se mantuviera la calma.

- ¡Esos *cabrones* nos van a dar *atole con el dedo*! ¡Nos va a pasar lo de siempre! –gritó uno enfurecido.
- ¡Hemos sido engañados, compañeros! ¡Que se me hace que éstos ya se pusieron de acuerdo con aquéllos para marearnos con demagogia estúpida! ¡¿Cuánta *lana* les *aflojaron*?! -dijo otro levantándose y abriendo el jorongo para mostrar la pistola al cinto, su pose era retadora, agresiva.

- ¡*Nom'as* nos utilizaron compañeros! – y al decir esto, el hombre puso en alto su machete alentando a la guerra- *Ora nom'as* nos van a dar *largas* hasta que nos *cánsenos* y *vuélvanos* a nuestras casas, a lo mejor ni debimos venir….

- ¡Eso no es verdad! -Federico no aguantó más seguir escuchando tantos reclamos injustificados, acusaciones serias de traición- Yo estuve ahí y soy testigo de que en todo momento se defendió nuestra causa. Ni modo, las cosas tienen que ser así, esta lucha no es fácil y va a tomar más tiempo del que pensamos. Con respecto a lo que tú dices de que fuimos a vendernos –se dirigió al hombre de la pistola al cinto y él también se abrió la chamarra para mostrarle su revólver-, más vale que cierres el hocico y no hables a lo *pendejo*. –Dirigiéndose a todos indignado- Me parece mentira que duden de la integridad del "Águila", de nosotros, los que no tengan confianza, fe… ¡es mejor que se regresen a sus polvorientos pueblos a morirse de hambre!

- *Ora* que si quieres sacar tu coraje -intervino desafiante Martín contra el hombre retador, arremangándose la camisa-... ¡Pus aquí estoy yo *pa'* ayudarte a sacarlo!

"El Águila" prudente fumaba un cigarrillo, comprendía la frustración de aquellos hombres, se sentían defraudados, eran cegados por la ira y la impaciencia. Se imaginaron que las cosas serían de manera diferente, que la presión ejercida hasta entonces bastaba para que sus inconformidades fueran resueltas de inmediato, como por arte de magia. Era gente que no comprendía a ciencia cierta la magnitud del problema, desconocían los procedimientos y las repercusiones implicadas.

Eran seres humanos desesperados, padres de niños que ilusionados aguardaban el retorno de sus héroes en los jacales y casuchas miserables. Pequeños consolados por las palabras de mamá, que con su boca de hada cuenta historias de lugares lejanos, con personajes sólo conocidos por ella. Así pues, como en los cuentos épicos arrullados por la voz de hada, imaginaban que los padres llegarían montados en blanco corcel blandiendo una espada, que al reflejar la luz del sol, lanza hermosos rayos cegadores. Entonces, el héroe desmontaría del caballo llevando en las manos un cofre de oro y esmeraldas incrustadas. Lo pondría en las manos de los pequeños y al abrirlo, las tierras muertas de sed y alimento se cubrirían de flores y pasto, de los árboles caerían sin parar frutos, en el lugar de los jacales emergerían bellos palacios y la tristeza y la miseria quedarían desterradas para siempre del reino. Mamá correría entre la maleza con pies descalzos y un vaporoso vestido blanco de gasa, como mariposa abriendo las alas para que el viento le haga cosquillas, riendo y cantando feliz de que el héroe regreso a casa.

-¡Ya basta, Martín! -cortó de tajo "El Águila"- Siento mucho que los resultados no sean los esperados, sólo les pido ahora aguardar una semana. Si para entonces no ha pasado nada, daremos inicio a una guerra sin precedentes. Tarde o temprano seremos vencedores, pero quizás transcurra mucho tiempo antes de que eso suceda. Yo no obligo a nadie a seguir, están en libertad de tomar la decisión que mejor les convenga, el que quiera quedarse, adelante. El que quiera marcharse puede hacerlo, solo que perderá la oportunidad de saborear el triunfo que se merece y por el que hemos llegado hasta este lugar.

Ya no se dijo más aquella noche, los para entonces más de quinientos hombres se tranquilizaron. Lo que era seguro, es que las cosas no volverían a ser como antes, pues a pesar de que nadie se marchó definitivamente, los rumores, las calumnias, las divisiones y comentarios mordaces se volvieron víboras que desde ese día, se arrastrarían entre las botas y los huaraches, llenando de ponzoña a los débiles de razón.

"Dicen que soy héroe, yo débil, tímido, casi insignificante, si siendo como soy hice lo que hice, imagínense lo que pueden hacer todos ustedes juntos."

Mahatma Gandhi

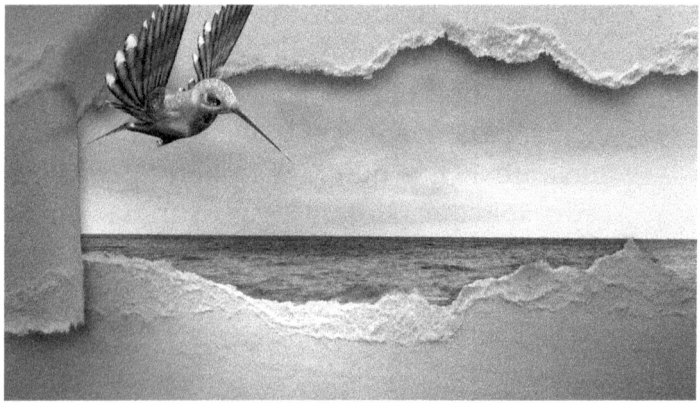

"LA SEMANA MÁS LARGA DE LA HISTORIA"

13 De Marzo

✻ ✻ ✻

Ahora sólo quedaba esperar, con esa espera que parece eterna, como la de las embarazadas a punto de parir: en donde la espalda se vence por el peso del vientre que crece sin pedir permiso, apropiándose del cuerpo que le sirve de guarida y el dolor, que se extiende y apodera como hiedra por todas partes… y el tiempo es lento… y el fruto se revuelve inquieto por salir, maduro, listo para ver la claridad y caminar con pies propios, y decir con palabras de boca nueva, ver con los ojos que hasta entonces sólo han visto turbias y tibias aguas. Más de pronto un día los retortijones taladran las entrañas y en el momento más dramático para la vida de ambos, se separan para siempre. Desaparece la oscuridad del dolor y se enciende la luz de la vida. Esta era la misma espera, la de un parto doloroso que precede a una nueva vida.

La situación en el campamento no marchaba muy bien, se podía sentir el descontento de algunos y más de una vez se registraron conatos de pleito. De seguir así, se tendrían que tomar medidas urgentes para evitar el descontrol y, en dado caso, el desmoronamiento de aquél pequeño ejército tan difícilmente consolidado. Aunada a esta problemática interna, se hallaban las noticias que llegaban de todas partes y que en la mayoría de los casos, especulaban de manera negativa acerca del futuro del movimiento civil.

Algo que llamaba particularmente la atención de "El Águila", era el hecho de saber de la existencia de un hombre muy importante dentro del gobierno, político encumbrado y carismático, que en su discurso planteaba enfrentar a toda costa la triste problemática del país y buscar una solución favorable a los problemas arrastrados desde siempre. En los extractos que se leían de sus comunicados dejaba ver una lucha transparente, directa hacia la reestructuración del sistema deteriorado. En sus palabras había honestidad, nobleza, buena voluntad y una calidez, que era placentera para quienes escuchaban las promesas que con él seguramente sí serían cumplidas. Para otros en cambio, esa calidez se convertía en fuego, en piedras candentes por las que su camino infame se encontraría abruptamente interrumpido, dejando truncadas sus remunerativas carreras políticas.

- Martín, quiero que escuches esto... a ver... ¡aquí está! –"El Águila" separó unas hojas del periódico que trajo del pueblo, desbaratándolo y quedándose con una de las páginas que ansioso leyó a su amigo- "Lo que más debilita a los gobiernos es la negligencia, es la apatía, es la corrupción, es el incumplimiento de sus propósitos. No es desde el centro, con reglamentos pensados burocráticamente, detrás de un escritorio, y muchas veces impuestos autoritariamente sobre la conciencia y el acuerdo comunitario, como vamos a resolver los problemas de nuestros barrios, de nuestras ciudades, de nuestras colonias populares, de nuestro país. No soy de aquellos que les gustan las verdades a medias, me pronuncio porque las causas de inseguridad que prevalecen sean atacadas de raíz y fondo."
- ¿Y eso qué quiere decir? –preguntó Mar-

tín quitándose el sombrero y rascándose la cabeza.

- Quiere decir, querido amigo, que no estamos solos en nuestra lucha. Este hombre puede ayudarnos mucho en nuestros propósitos ¿no te das cuenta que peleamos por la misma causa?

Martín siguió sin entender una sola palabra. Desde ese día "El Águila" se refería a aquel político llamándolo "El compañero". Usaba sus discursos para mostrarles a los hombres que iban por buen camino, que así como existían malos elementos dentro del gobierno, también los había buenos, con principios e ideales, honestos, comprometidos con la patria: sólo era cuestión de arrancar la mala yerba.

Ante el panorama de espera Micaela creyó que era la oportunidad de hablar con Ignacio, deseaba saber la respuesta a lo que ella le preguntó días atrás: sí, o no al romance. No era un simple capricho, en realidad estaba enamorada del misterioso hombre ya que al verlo, al sentirlo cerca sus manos sudaban copiosamente, las piernas le temblaban y con los ojos buscaba desesperada alguna señal de correspondencia... pero nada, ni siquiera le dirigía la mirada. Con aquella quietud que reinaba se animó a acercarse, despacito, temerosa de ser rechazada una vez más al romper la soledad que lo envolvía.

- ¿Quieres tu té? –preguntó mordiéndose el rebozo.
- ¡Ay, Micaela! Tú siempre con el pretexto de tus *téses*…
- ¡*Pos* qué *quéres* que haga, sólo así te arranco las palabras!
- No entiendes que hay muchos problemas y *nomás* tengo cabeza *pa'* pensar en eso…
- ¿Y no te importa ni tantito lo que yo sienta? –los ojos de Micaela se llenaron de lágrimas.
- Se lo que sientes y me da *muina* que te pongas así. No soy hombre *pa'* ti, Micaela, mejor deberías buscarte otro, aquí hay muchos que podrían quererte *harto* –por primera vez Ignacio la miró fijamente a los ojos.
- *Pos* si sabes lo que siento, sabes que nomás te quiero a ti.
- No puede ser, mujer, tengo una cuenta pendiente que tarde o temprano tengo que cumplir. Sería mal hombre que me juntara

contigo *pa'* que *a luego* te dejara. Si *ora* estás triste y no *semos* nada, imagínate lo que sentirías si *juéramos* algo y yo me vaya. Sería peor, mujer.

- ¡Tienes mujer entonces! -explotó Micaela llorando abiertamente, a gritos- ¡¿Amas a la Delfina o a María, que no están gordas como yo!? ¡¿otra me desprecias?!
- Sí… hay una mujer que me aguarda y aunque no la quiero, le tengo que cumplir como hombre que soy -Ignacio levantó por el mentón la cara de Micaela, con dulzura-, eres hermosa, mujer, con un corazón hermoso que merece que la amen… yo no soy hombre *pa'* ti.
- ¡Pos ni modo! –dijo tajante empujando la mano del indígena-, a *juerzas*… ¡ni los zapatos entran!
- Micaela… ¿me regalas un té de hierbabuena?

La pobre mujer mordió el rebozo y se retiró corriendo a llorar en otro lado. Ignacio quedó pensativo, triste por haber causado involuntariamente tanto dolor en la buena mujer. Tal vez sería mejor como amigos. Ella sabía que Ignacio no cambiaría de opinión. Se resignaría a seguir preparándole sus tés de hierbabuena, canela y cuánta yerba medicinal se les atravesara por el camino.

Pasaron ocho, diez, veinte, cien horas algunas veces caminando, otras galopando pero no se detuvieron, nada cambió: la manecilla larga de los minutos corrió como lo hace desde que se inventó la medida del tiempo, para llegar a la meta y ganarle a la pequeña de las horas, pero por más vueltas que dan jamás se ve el fin. Nada ni nadie detiene su avance, su loca carrera en círculos, todo en círculos, como un remolino, como la galaxia. Los segundos existen pero no existen porque su vida dura un suspiro: tic-tac hace el tambor del tiempo, tic-tac se escucha en la selva, muy fuerte cuando es de noche, apenas un susurro cuando el sol reina en el cielo.

Juan y "El Pulques" estaban atentos a cuanto sucedía alrededor, poniendo atención a los comentarios que circulaban. Sus ojos vivarachos checaban todos los movimientos de hombres y mujeres por igual, no deseaban otra sorpresa como la del compadre Lupe.

- ¡Oye, tú! ¿Qué haces escondidito por allá? –interrogó "El Pulques" a uno que misteriosamente se agachaba tras unos arbustos.
- A mí se me hace que se quiere pelar, com-

padre... -se adelantó a decir Juan.

- ¡Órale, cabrón! ¡*Orita* mismo me a decir qué se trae!

El pobre hombre salió de los arbustos temeroso, pues sendas pistolas le apuntaban. Llevaba los pantalones a media pierna y avergonzado luchaba porque no cayeran.

- No, patrón, si yo *nomás* vine a hacer de la *chis*...a *miar.*

A Juan se le estaba haciendo eterna la espera para regresar a su hogar, desde que salió de él, no había tenido noticias de su esposa Josefina e hijos. El único consuelo que le quedaba era contemplarlos cada noche en un retrato que cargaba en el morral. En él aparecía Juan, Josefina, el hijo mayor Juan Antonio, Rosario, Ramón, Andrés y la pequeña Guadalupe. Esa foto fue tomada cuando acudieron en una peregrinación hasta la ciudad de Las Margaritas a venerar a su Santa patrona. Ese día fue especial, ya que después de caminar por varias horas llegaron a la pequeña y pintoresca ciudad, vestida de fiesta con papel picado colgando de ventanas, farolitos intercalados con globos atados a un cable de lado a lado de la avenida principal, ambiente de celebración, de alegría convertida en confeti que juguetón volaba por aquí y por allá.

Los peregrinos casi no cabían por las estrechas

calles que conducían a la iglesia. Los vendedores ofrecían elotes, algodones de azúcar rosados y azules, tamales, atole y frutas, sin faltar, naturalmente, las estampitas de la Virgen, los novenarios, los rosarios y los "milagritos". Juan y Josefina entraron con sus hijos hasta el altar, depositaron un enorme ramo de rosas rojas y encendieron una veladora cada uno. Se arrodillaron y rezaron pidiendo a Dios por el bienestar de la familia, también agradecieron por los favores recibidos en el año. Al salir de la iglesia decidieron dar un paseo por el parque que en el centro, lucía un folklórico kiosco.

Juan les compró golosinas y orgulloso, llevaba del brazo a su querida esposa. Un fotógrafo los retrató distraídos, captando toda la alegría y el amor sin poses, así, al natural. Cuando le ofrecieron la foto de inmediato la aceptó y pagó con agrado. Era la primer y única fotografía familiar. Perdido en esos pensamientos estaba Juan cuando de repente sintió una cubetada de agua fría en la cabeza que lo hizo levantar de un salto. Se trataba de Martín, que al verlo tan distraído se le ocurrió hacerle una broma.

- ¡Ándele *pa'* que no ande pensando cochinadas, Juancho!
- ¡Cuáles cochinadas, compa! ¡Me estaba acordando de mi vieja y mis chamacos!
- No te vayas a poner sentimental, Juanito…

-le dijo Martín poniéndole la mano sobre el mojado hombro-, eso hace daño al corazón.
- ¡Ya tengo *rete hartas* ganas de verlos, Martín! De echarme un molito de guajolote, le sale re sabroso a mi Chepa.
- Cuando estemos de regreso me invitas, no te vayas a olvidar de los cuates.
- ¿A poco no, Martín? Cuando el amor es grande no existe ni el tiempo ni la distancia...
- ¡*Újule*, manito! Mejor te dejo, andas muy romántico.
- Si verdá –Juan se le quedó mirando a Martín malicioso-, chance y me pongo a decir unos poemas como "tú" comprenderás.

Y como Martín ya sabía a lo que se refería Juan, optó mejor por retirarse. "El Pulques" mataba el tiempo bebiendo y fumando cigarros de hoja, de ésos que rasgan la garganta. La vida parecía no importarle demasiado, como que no recordaba que sólo hace un par de meses estuvo a punto de morir. Muy de repente, cuando se emborrachaba, le venían a la mente esposa e hijos. Casi todas sus pertenencias las había perdido en apuestas jugando cartas, las mujeres le llovían por montones y con ninguna se comprometía. Lo que las atraía de él no era precisamente que fuera de buen ver, sino su desenfado, atrevimiento, la manera de llenarlas de cumplidos y atenciones con tal de que cayeran en sus redes, la técnica de seducción le funcionaba a la perfección.

Martín por su lado era agobiado por una gran preocupación: al parecer Azucena, estaba embarazada. Tenían que hacer algo cuanto antes, pues en ésas condiciones la mujer no podía continuar en el movimiento. Aunque él no tenía esposa e hijos y dentro de sus planes estaba forma una familia, éste no era el mejor momento ni lugar para hacerlo.

En el campamento existía una fea mujer llamada Carmela, quien al enterarse de la noticia del embarazo de Azucena que corrió entre chismes como reguero de pólvora, se ofreció a ayudarla a salir del "problema". La idea era tentadora, ya que estando en medio de la selva entre tanta incertidumbre era la única opción. Ahora no se notaba nada, pero en un par de meses sería imposible ocultarlo o negarlo. Azucena pensó que se convertiría en una carga para los demás, cada vez que se encontraba de frente con "El Águila" le esquivaba la mirada. Las noches las transcurría en vela imaginando las condiciones en las que nacería ese niño; en medio de la nada, entre fogatas, tabaco, bebida y balazos, escondiéndose del acecho de la muerte, que seguramente se vería tentada a robar, como ladrona, ésa vida tierna e indefensa. Por momentos sentía que debía contarle a Martín sobre el ofrecimiento de Carmela, pero sabía que él se opondría, pues era un hombre bueno que estaba en contra de ésas cosas que él llamaba "del diablo". Azucena no quería marcharse, abandonar la lucha: estaba entre la espada y la pared.

Martín decidió que lo mejor era dejar a Azucena en un lugar seguro. Cerca de allí estaba El Carrizal, pueblo pequeño en donde vivía una tía lejana. Tenía la seguridad de que "El Águila" no tendría inconveniente en detenerse unas horas allí para cargar provisiones en lo que él solucionaba el asunto. Al enterarse Azucena de los planes de Martín, cerró los ojos y apretó los labios para no soltar una sola palabra. Su silencio ocultó el terrible egoísmo que la invadía por dentro.

Federico leía a toda hora, su ilusión era convertirse en hombre de confianza del líder: trataba de estar enterado de todo, aprender a hablar en los términos que les hablaba él, saber cómo pensaba, ganarse el respeto de sus compañeros.

- Sólo faltan dos días para regresar a Los Rosales y ver en qué va a terminar la cosa... - se acercó a comentar Federico a "El Águila" que junto con otros hombres, hacían un recuento del armamento que tenían.

- Sí, ya falta poco Federico. Y dime una cosa ¿qué pasó con aquella muchacha que *te traía de un ala*?
- ¡Qué paso, yo no estaba enamorado! Lo que pasa es que me di cuenta de que era una coqueta y así, como que no se vale. Además, me gusta más estar con usted que perdiendo el tiempo con viejas. Lo que yo quiero es aprender, he descubierto cosas muy interesantes, jamás me imaginé que fuera tan difícil y complicado el funcionamiento de un país. Tampoco pensé que tuviéramos tantos derechos, vive uno creyendo que se vive mal porque ese es el destino y hay que aguantarse, que no queda de otra. Ahora me doy cuenta que vivimos así por ignorancia, por no reclamar lo que nos pertenece.
- Qué bueno que abras los ojos a tiempo, aún eres muy joven y si te preparas, con el tiempo podrías llegar a ser un hombre importante para el país y ayudar a los tuyos desde lo alto.
- Eso se oye muy bonito "Águila", pero la mera verdad ha de ser muy difícil. Recuerdo cuando a duras penas estudié la primaria.

Mis hermanos y yo teníamos que caminar una hora todas las mañanas para llegar a la escuela, que quedaba en otro pueblo más grande que el nuestro. De regreso siempre pasábamos por un río muy bonito y allí nos quedábamos jugando mucho rato -la cara de Federico era de ensoñación-. Al llegar a la casa mi *jefecita* nos recibía con besos y abrazos, y en la mesa estaba la mesa servida la comida, que aunque humilde y sencillita, era preparada con amor por ella todos los días. Tortillas hechas a mano, frijolitos negros, pollo cuando mataba alguna gallina, o un trocito de carne muy de vez en cuando, salsa *pico de gallo*, queso que mi mamá hacía de leche de cabra...

- ¡Ya párale, ya párale que se me está haciendo agua la boca! –lo interrumpió "El Águila" riendo.

- ¡Hasta me chillaron las tripas de acordarme! –rió también Federico-... ¿Sabe? Mi padre fue muy trabajador, siempre se las arreglaba para que no sufriéramos tanto la miseria que nos rodeaba. Todo cambió cuando se murió, de golpe nos dimos cuenta de cuál era nuestra realidad y tuvimos que dejar la escuela para sobrevivir. Fueron tiempos muy difíciles: de un día para otro pasamos de ser niños, a ser adultos. Para ser un gran hombre se necesita estar preparado y no lo estoy.

- Lo hombres buenos, que poseen un espíritu valioso y noble no lo aprendieron en la escuela -"El Águila" puso su manos sobre el hombro de Federico-, es un tesoro que traen bajo el brazo al nacer. El estudio puede ser una herramienta para triunfar, pero no es lo único. La tenacidad, la disciplina, la prudencia, el corazón que pongas en todo lo que haces no se enseña en ninguna clase de la universidad. Nunca es tarde para comenzar a estudiar, cuando termine todo esto podrías meterte a la escuela.
- ¡A mí me hubiera gustado ser médico! –a Federico le brillaron los ojos de alegría.
- ¡Vas a ser médico! ¡Ya lo verás!

Aprovechando la buena comunicación que tenía con los muchachos, Cristóbal decidió hablar con los dos hombres que días atrás se habían revelado al "Águila" cuando se dieron a conocer los resultados de la reunión en Los Rosales. Se acercó a ellos sigiloso, estaban muy concentrados jugando a los dados.

- ¿Qué pasó, Cristobalito? ¿Quieres juaga a los dados?
- No, *nomás* quiero hablar tantito con ustedes…
- *Pos* tú dirás –contestó el de espeso bigote al tiempo que tiraba el dado.
- *Nomás pa'* saber *qués* lo que piensan hacer, andan diciendo que se quieren ir y llevarse con ustedes a muchos de estos *pelados*.

Los hombres dejaron los dados, se miraron entre sí y tragaron saliva. Se sintieron apenados por la pregunta de Cristóbal pues sentían por él un gran respeto. Se levantaron de las rocas que usaban como sillas y en las manos tenían prensada el ala de sus sombreros de palma.

- Lo que pasa es que ya estamos cansados de esperar, jefecito. Mejor que cada quién jale por su lado – dijo el de bigote ralo con la mirada clavada al suelo.

- Estábamos muy ilusionados pero *pus… pus* ahora parece que todo fue inútil – concluyó el bigotón.
- No se puede acabar así de fácil con algo que ha permanecido tantos años: la corrupción del sistema, la indiferencia, la injusticia son males que como una enfermedad se van tratando de a poquitos, como el cáncer. Muchachos, lo peor que pueden hacer es perder la esperanza y mucho peor, es quitarles la esperanza a otros –Cristóbal los tomó de las manos y se las apretó fuerte-, piénsenlo. Yo ya estoy muy viejo y quiero morirme peleando por nuestra causa. ¿Creen que si no valiera la pena, desperdiciaría así los últimos años de mi vida?
- Sí, pero…
- ¡No hay pero que valga amigo! -calló el viejo al más joven- ¡La fuerza está en la *unidá*!

Era todo lo que debía decirse por ahora. Cristóbal se dio la vuelta y marchó sin mirar atrás. Los hombres se sintieron avergonzados de ver que un anciano les diera ese ejemplo de coraje y valentía, a ellos, que se ufanaban de ser muy valientes, muy "machos".

Ahora sólo faltaba un día. "El Águila" dispuso que por la noche se reunieran para decidir quienes lo acompañarían a Los Rosales, después hablaría con Cristóbal y los demás encargados del campamento para delinear planes dependiendo de los resultados de la ida. El nerviosismo iba y venía travieso picando como mosquito en verano. Llegó la noche y con ella la expectación y la emoción. El ritual de cada noche no pudo faltar: la frondosa fogata de fuego rojo, voluptuoso que incitador mueve las caderas atrayente, provocativo, animado por la música de las guitarras que con sus bocas redondas sueltan los; do, re, mi, fa, sol, la, si, perfectamente organizados y rítmicos. Se volvieron a encontrar los amigos cara a cara, los compañeros y hermanos… ¡los guerreros!

"La democracia es una forma superior de gobierno, porque se basa en el respeto del hombre como ser racional."

John F. Kennedy

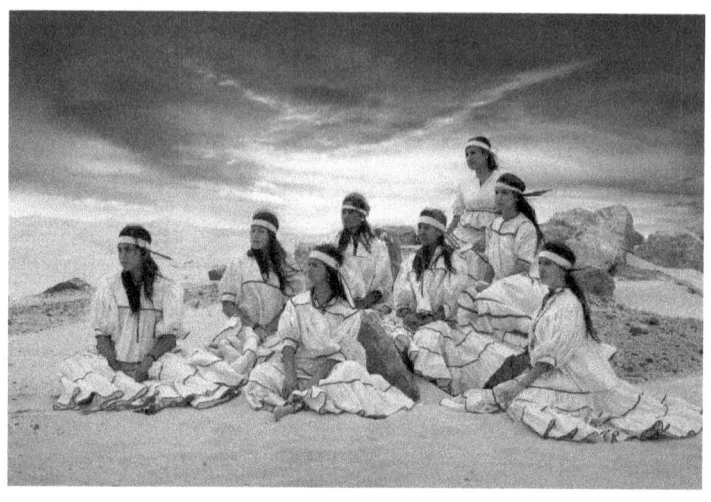

"¡UNA GUERRA DECLARADA!"

20 De Marzo

❉ ❉ ❉

Desde temprano se implementaron fuertes medidas de seguridad en el pueblo. "El Águila" llegó al auditorio cerca de las nueve de la mañana. A diferencia de la vez pasada, ahora fueron pocos los que se presentaron a recibirlos. Los condujeron a un pequeño saloncito anexo al salón principal y les ofrecieron algo de tomar. Así pasaron más de una hora; esperando.

"El Águila" estaba impaciente y le pidió a uno de los anfitriones que le dijera de una vez por todas a qué hora se presentaría el Licenciado Orduña. Según sus allegados "ya no tardaba", pero daba la impresión de que se trataba de una sucia maniobra. Cuando dieron las dos de la tarde, irrumpió en el saloncito un hombre que se identificó como el Licenciado Gutiérrez, mano derecha de Orduña.

- Señores, les ruego me disculpen por tenerlos aquí esperado tanto tiempo –dijo confianzudo Gutiérrez-. El Licenciado Orduña me comisionó para atenderlos, dado que por causas de fuerza mayor él ha tenido que permanecer en la capital, ya saben, resolviendo problemillas de última hora.

- Él sabía perfectamente que hoy vencía el plazo para dar una respuesta a nuestras peticiones -"El Águila" trató de contener su furia-. Pensé que era un hombre de palabra… ¡pero ahora me doy cuenta que ni hombre es!
- ¡Le ruego que mida sus palabras! El Licenciado es un hombre honorable.
- ¿Según quién? -retó el insurgente.
- Mire… ¿cómo dice que se llama?
- ¡"Águila"!
- Mire, "Águila", tendrá que esperar más tiempo, el Licenciado Orduña le dará nueva fecha para recibirlo, tiene que entender que hay asuntos más importantes que atender en la capital: marchas de maestros inconformes, manifestaciones contra la inseguridad, pretextos para molestar, excusas para llamar la atención de algunos lidercillos, pero, pues, hay que oírlos por lo menos -con

risilla cínica-, nunca dejan de ser una molestia….
- Temo decirle que ya no habrá otra fecha, no estamos jugando, señor, yo sí cumplo mis promesas. Dígale por favor a su patrón que ya nos veremos las caras otro día, en condiciones que le aseguro, no serán las más convenientes para él.
- ¡No se cierre al diálogo! -Gutiérrez trató de persuadirlo al ver que "El Águila" estaba realmente molesto- ¡Entiéndanos!

"El Águila" abandonó el lugar lleno de rabia. A la salida un grupo de periodistas lo esperaban para entrevistarlo y sacarle fotografías.

- ¡Señor, señor! -lo interceptó un periodista metiéndole casi el micrófono en la boca- ¿Se resolvieron sus peticiones?
- ¿Para qué me lo pregunta, si usted más que nadie se imagina la respuesta que nos dieron?... ¡lo mismo de siempre!
- ¿Qué actitud tomarán a partir de ahora? -preguntó otro abriéndose paso a codazos.
- La que tomaría cualquier persona defraudada, traicionada: ¡hacer que nos cumplan

por las buenas, o por las malas!

- ¿Tiene algún mensaje para el gobierno? -todos quedaron en silencio al escuchar la pregunta.
- ¡Nos han declarado la guerra! Será una pelea violenta, sangrienta, determinante. Nosotros no queríamos llegar a esto, no nos gusta usar los mismos procedimientos que se han venido utilizando contra nosotros. El uso de la fuerza no es racional, pero nos han empujado a ello.

"El Águila" no quiso contestar más preguntas, entre chiflidos, gritos y mentadas de madre salió con su comitiva. Ahora el regreso al campamento era más difícil, pues llevaban a cuestas el fracaso: ese costal que pesa más que un bulto de concreto y que doblega el lomo, las rodillas, el alma.

El camino de vuelta fue silencioso, sólo se escuchaban los chasquidos de los cascos de los caballos en la tierra, las alas de los sobreros brincaban por efecto del trote como mariposas moribundas, las miradas iban vacías, los corazones desiertos, la boca seca por la bilis que escupía el hígado inflamado de furia. Al cabo de unas horas llegaron, los del campamento al verles las caras de inmediato se imaginaron que traían malas noticias.

- ¡Cristóbal! -gritó "El Águila" con voz de mando- ¡Júntate a todos los muchachos! ¡Ahora van a saber ésos cabrones quién es el pueblo de verdad!

Rápido se reunieron a su alrededor, iban decididos a todo, sus ojos que lanzaban fuego lo decían. En las manos empuñaban machetes, los rifles, pistolas.

- ¡Llegó la hora de pelear, compañeros! Esta vez no se saldrán con la suya. La espera fue larga, pero no hemos sido nosotros los que fallamos.

La historia no podrá decir jamás que fuimos intransigentes, u obstinados, o sólo una bola de rebeldes sin causa. ¡Mañana será un día histórico para el mundo entero!

Eufóricos lanzaron gritos de guerra y aunque sabían que iban de por medio sus vidas, ya nada importaba ahora. Si morir era el precio de su dorado sueño, con gusto estaban dispuestos a pagarlo.

"El Pulques" se fue a sentar muy pensativo junto a

Ignacio sobre unas rocas.

- Ora sí se me hace que me van a *quebrar deveritas*, Nacho… ¡échame la mano con una de tus rezadas! *Pa'* que si me lleva La Flaca sea de jalón. Mientras me voy a echar unos tragos, *pa'* que no me quede yo con las ganas.

Ignacio sólo movió la cabeza de un lado a otro y suspiró.

"Sueño que un día, en las rojas colinas de Georgia, los hijos de los antiguos esclavos y los hijos de los antiguos dueños de esclavos, se puedan sentar juntos a la mesa de la hermandad."

Martin Luther King

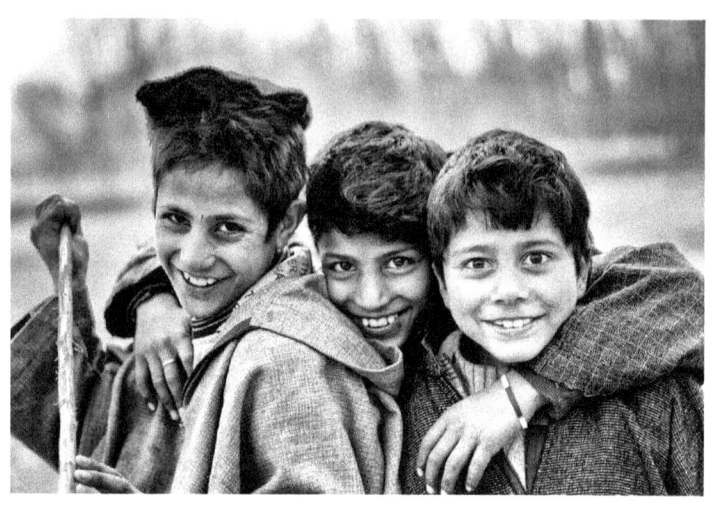

"LOS TRES ENCUENTROS"

21 De Marzo

✳ ✳ ✳

Marcharon partiendo con los cuerpos la maleza, no sentían el calor, el hambre o el cansancio, iban sedientos de lucha. Tenían los pies destrozados por sus andares y las botas y huaraches pedían a gritos un sustituto. Todo esto no les impedía entonar al unísono canciones populares que hablan de amores, de despecho, afrentas y borracheras. Era una gran marcha multicolor que avanzaba deslizándose por entre las palmas y enredaderas.

Paso a paso se restaba distancia a la capital. Algunos jamás habían estado en allí y se imaginaban que era un mundo desconocido, por las referencias de quienes hablaban de ella como una monstruo bullicioso, en donde el tiempo pasa más rápido que en los pueblos, con el aire olor a gasolina y multitudes transitando permanentemente por las calles repletas de automóviles, que entre el desquiciado tráfico de las "horas pico", taladran los oídos con las voces chillonas de sus cláxones. Un lugar lleno de peligros, de rivalidades y envidias, de costumbres y tradiciones muy diferentes a las de ellos. No se explicaban cómo perteneciendo al mismo país, teniendo las mismas raíces, fueran tan diferentes.

En la capital los indígenas eran parte del atractivo turístico, limosneros, músicos improvisados que con una guitarra mal trecha y par de maracas, arrancaban de los monederos y bolsillos un par de monedas dadas de mala gana, haciendo una "obra de caridad para ésos pobres indios". Cuántos de esos "indios", dueños verdaderos de estas tierras, recurrieron a la gran ciudad cautivados como marineros por el canto de sirenas, sin imaginar el cruel destino que les esperaba. Fueron repudiados, usados de servidumbre y otros más, se quedaron vagando en las calles arrastrando, como si fuera un chal, el infortunio.

Jamás podrán volver a sus lugares de origen, porque no son capaces de encarar la derrota delante de quienes los vieron salir desafiantes y gallardos de sus pueblos. Mientras que los que no se atrevieron a huir de la miseria y las milpas secas, permanecen aún con la idea de que desperdiciaron la gran oportunidad de encontrar fortuna como los audaces que partieron. Después, quizás, algún día, los otrora cobardes tratarán de imitar a los que fueron a buscar fortuna a la capital y nunca volvieron, convirtiendo aquello en un círculo vicioso, que los empujará a las feroces fauces del abominable ser de concreto, escribiendo una historia que no tiene fin. Esa era la capital. Pasaron días y noches, desfilaron lunas y soles. Cierta mañana, Ignacio despertó exaltado, gotas de sudor inundaban su rostro, temblaba de pies a cabeza, balbuceaba sin control frases incoherentes. "El Águila" acudió a su lado de inmediato temiendo que sufriera de alguna grave enfermedad.

- ¿Qué te pasa, Ignacio? - Le levantó la cabeza y la apoyó en su brazo-. No puedes enfermarte ahora, amigo, tienes que ser fuerte.
- ¡Ya van a venir!... ¡están muy cerca!... ¡dispara!... ¡dispara!... mi copal… ¡¿En dónde está mi copal?! –gritaba fuera de sí delirando.

Ignacio se convulsionaba e inmediatamente cerraba los ojos como si durmiera, así estuvo largo rato. Micaela, angustiada, se mantuvo a su lado. Debido a este contratiempo decidieron permanecer allí en espera de que Ignacio presentara mejoría. A media noche Ignacio se incorporó como quien despierta de un placentero sueño, como si nada hubiera pasado. Lo primero que hizo fue pedir que lo llevaran con "El Águila" pues necesitaba hablar con él.

- ¿Cómo te sientes, Ignacio?
- Ya estoy bien, patrón, me perdí de mi cuerpo y los espíritus y nahuales se

adueñaron de él… ¡no sabe cuántas cosas *vide* desde el cielo!

- ¿Buenas o malas? –preguntó curioso y preocupado "El Águila".
- ¡Eran cosas muy feas! ¡Vi correr mucha sangre! Los muertos se apilaban en montones por *onde* quiera. El río se desbordó de tantas lágrimas, el sol mejor se escondió para no ver *senda* tragedia…

- ¿Es el fin?
- No… es el comienzo. Pero dentro de muy poco lloverá sangre.
- ¿Y qué podemos hacer?
- Sólo esperar… ¡y mucho rezo!… ¡harta oración!

"El Águila" se quedó sentado pensativo, sabía que las predicciones de Ignacio eran de fiar. Lo último que quería en ésos momentos es que cundiera el pánico entre sus hombres, por lo que le pidió al indígena que fuera muy cuidadoso con lo que comentara a sus compañeros. Lo mismo le advirtió a Micaela, que nerviosa y asustada mordía el rebozo. Ignacio le dijo al líder que no se preocupara, callaría. Se levantó y partió hacia unos árboles.

Al poco rato volvió cargando yerbas, ramas, una cantimplora llena de agua. Puso a quemar copal por todo el campamento, hizo ramos con las yerbas y prendió hogueras por doquier. Se paseó entre los hombres salpicándolos con el agua que empapaba los ramos. Los cantos y rezos intrigaron al campamento, bailó raras danzas y su magia transparente cubrió como manta a la selva. Entonces todos presintieron que algo significativo sucedería pronto y cada quién, según sus creencias, se entregaron a la voluntad del hacedor del destino. Surgieron imágenes de Jesús y de mártires, de Vírgenes y santos, las miraron fijamente tomadas entre sus manos y con la mente se abrazaron a ellos en busca de consuelo y protección.

"El Águila" sacó de adentro de su chamarra el crucifijo que le colgaba del cuello y lo apretó mientras se lo colocaba en la frente y oró: "Señor, dame fuerzas para seguir adelante, Padre mío. Escúchanos ahora, libéranos de la opresión de los que con infamia han oprimido a nuestro pueblo. Estamos de pie humildemente ante Ti. Oh, Señor, fortalécenos con un espíritu nuevo, ilumina nuestros ojos que ya no tienen lágrimas, enséñanos tus maravillas en la oscuridad de la noche, enséñanos ese día en el que volvamos a ser hermanos en un sitio lleno de árboles frondosos, cargados de frutos, abre ante nosotros las puertas de un mundo feliz y que soplen sobre nuestros hijos las frescas brisas de Tu poder. Si hemos sido indignos de Tu Bondad, perdónanos. Sigue protegiéndonos pues sólo por Ti no hemos perecido. Y permítenos volver al hogar. Amén."

Continuó entonces la caminata al día siguiente. Transcurrieron dos días más después de aquella noche. Una mañana nublada y gris mientras marchaban tranquilamente, de pronto, como un león que se lanza sobre una presa agarrándola por el cuello por sorpresa, les salió al encuentro un batallón de soldados del ejército en una clara emboscada.

Después de reponerse del sobresalto, las armas se aferraron a las manos calentando los cañones. Las balas igual despostillaban árboles, que rasgaban hojas y carnes. Las mujeres peleaban como fieras y demostraron el poder de ésos brazos que antaño cargaron a los hijos, cargando ahora la escopeta y disparando sin temor, valerosas como ellos. El olor a pólvora picaba la nariz, de ambos bandos caían; unos y otros como árboles talados. Los heridos pedían ayuda a gritos, pero sus llamados de auxilio se perdían en medio de los estallidos y los gritos de guerra.

Un descuido era fatal, las miradas de los que peleaban entre sí, se enredaban como brazos de pulpo entre ellas llenas de odio, tratando de adivinar lo que pensaba el otro y anticiparse. Cristóbal se encontró desprotegido y las consecuencias de los años y el cansancio no se hicieron esperar: una bala traicionera le arrebató la vida en un descuido, como quien roba una hermosa rosa de un jarrón y echa a correr, así de fácil. Su cuerpo quedó tirado entre unas palmas, agarrando duro su escopeta, pelando grandes los ojos como queriendo descubrir al culpable de tal infamia, o quizás del susto al ver a la muerte asirlo de la mano y llevarlo a rastras al más allá, dejando atrás el cuerpo que algún día fue su casa. Fue tan rápido que ni siquiera pudo decirles adiós a sus amigos.

"El Águila" luchaba cegado por la ira, iba como perro cazador tras su presa, quería terminar con eso de una vez por todas, eran atacados a traición, a toda costa querían evitar que el mundo escuchara su voz, sus reclamos, que supieran la verdad que viven a diario el grueso de una población pobre en un país rico. Para él era un orgullo pelear a la par de sus hombres y se preguntaba: "¿En dónde están los que mandan a pelear a los soldados en las guerras? ¿Acaso no deberían pelear con ellos y morir si es preciso por la misma causa?" No, los pobres sólo son *carne de cañón*.

Martín, Federico, Juan, "El Pulques", Ignacio, todos hacían derroche de valentía. Ya eran muchos los muertos y heridos. Las faldas coloridas de algunas infortunadas yacían inmóviles en el suelo, como flores pisoteadas perdiendo el color de los tonos brillantes de sus telas, que se pintaron de tierra y sangre. Las negras trenzas se abrazaban al suelo en un abrazo eterno y los bellos moños, murieron deshojados.

Se acabaron las balas y el aliento. Los soldados emprendieron la retirada dejando a compañeros tirados por el camino: unos muertos, otros agonizantes. El llanto de los revolucionarios no se hizo esperar al descubrir a los amigos fallecidos, los *ayes* de dolor partían el alma y olvidando el precepto de que "los hombres no deben llorar" que hace inhumanos a los humanos, se volcaron a demostrar los sentimientos por las pérdidas. "El Águila" ordenó concentrar en un solo lugar los cuerpos de los difuntos, que fueron envueltos en cobijas junto con sus pertenencias.

Martín entonces se dio cuenta de la falta de Cristóbal. Lo buscaron por todas partes, pero parecía como si se lo hubiera tragado la tierra. De pronto, una mujer lanzó un agudo grito y al acudir algunos para ver lo que pasaba, terrible fue la sorpresa al descubrir al viejo tirado inmóvil, frío, con algunas moscas infames revoloteando como zopilotes atraídas por el olor a muerte, y las hormigas irreverentes guiando la expedición hacia la boca abierta, indispuesta para siempre a masticarlas y escupirlas. "El Águila" llegó corriendo con el corazón palpitándole en la mano: los ojos se llenaron de lágrimas al reconocer a su amigo, se arrodilló y lo abrazó contra su pecho.

- ¡Viejito lindo! ¡Mi querido viejo!... ¡Te fuiste cuando más falta me haces! -su llanto era desgarrador- ¡Por qué no estuve junto a ti para defenderte! ¡Por qué no te escondí para que no pudieran matarte!... ¡Ahora qué voy a hacer sin ti, viejo del alma!

Por respeto lo dejaron solo con el cadáver, así pasó largo rato. Ignacio por su parte se creía culpable, cuántas veces él había sido el encargado de cuidar por la integridad de Cristóbal. Pensaba que en los últimos momentos de vida en anciano le habría reprochado su ausencia, tal vez si se hubiese quedado junto a él, la historia que se contara fuera otra.

Al atardecer se organizó una ceremonia fúnebre, las guitarras lanzaron lamentos al viento acompañadas por la armónica ahora huérfana, desfilaron los cuerpos hacia las fosas húmedas y sórdidas, llenas de gusanos hambrientos de carne, que lo mismo devoran a un tlacuache que a un ministro, que de idéntica forma tragan a un pobre que a un rico. "El Águila" no pronunció palabra el resto del día. El aguardiente se bebió a los hombres hasta la última célula, las mujeres se protegieron del mundo envueltas en los rebozos, apretándose fuerte con ellos como en capullos de seda, para ahogar el llanto, para bebérselo.

El Carrizal quedaba ya muy cerca, allí se atendería a los heridos y lo más probable es que se afiliaran más hombres. Según los últimos informes, en todo el país se estaban dando las movilizaciones motivados por el levantamiento civil en la selva. Ellos ahora eran el ejemplo de miles y miles de inconformes: alzaron su voz en los desiertos, en los bosques, en los pueblos y ciudades, en las comunidades olvidadas entre despeñaderos y manglares. El desconcierto entre las autoridades era grande, permanecían en guardia, inquietos, temerosos del alcance que pudiera tener el movimiento de los alzados.

Llegaron con cautela a El Carrizal, fueron recibidos con entusiasmo. A decir verdad estaban más seguros en el pueblo que en la selva, pues el ejército lo pensaría dos veces antes de atacarlos allí, ya que la noticia ocasionaría un impacto negativo para el gobierno. No tardaron en presentarse lugareños ofreciéndoles ayuda: alimentos, medicinas, zapatos, ropa, alojamiento. Para los heridos y enfermos éste era el final del viaje, a pesar de resistirse argumentando que preferían morir peleando que tumbados en una cama.

Martín se puso en contacto con su tía Teresa para hacerla cargo de Azucena y ésta, aceptó con agrado. Teresa era hermana de la madre de Martín, vivía sola en una casa veja del pueblo, pero no siempre fue así. De joven, la historia cuenta que pecó de hermosa, la más perseguida por los hombres. A la edad de 15 años fue pedida a sus padres por Don Baltazar Pérez, comerciante respetable que le llevaba 30 años a la inocente jovencita. Teresa y Don Baltazar se casaron, tuvieron dos hijos: Jerónimo y Rosa. Cuando todo parecía que marchaba de maravilla, un día a los 10 años de casados, Teresa, extrañada por el retraso de su esposo para sentarse a la mesa a desayunar, se dirigió a la habitación. Baltazar estaba acostado, cubría el rostro con la sábana, no se movía, Teresa se acercó despacio creyendo que aún dormía, lo llamó quedo, al no recibir respuesta lo movió un poco, nerviosa tomó con la punta de los dedos la sábana y temerosa lentamente la jaló y, como un telón que se abre para mostrar escenas, la escena que Teresa presenció fue devastadora: ahí, en pleno escenario, el actor principal yacía pálido, ojeroso, los labios morados, el cuerpo cual maniquí de plástico, frío y duro, rígido. La representación de la obra duró los minutos que tardó en llegar corriendo la servidumbre alertada por los gritos de la patrona, no hubo aplausos ni se lanzaron pañuelos en reconocimiento a la gran actuación, sólo hubieron lágrimas y flores que se lanzaron sobre un ataúd.

La muerte de Don Baltazar Pérez se debió a un mal congénito del corazón. Teresa, ahora viuda, quedó a cargo de sus pequeños hijos, sola, llena de deudas y de miedos. Los hijos crecieron, Jerónimo marchó a la capital en donde estudió para maestro. Rosa permaneció en El Carrizal al lado de su madre, ayudándola en el negocio familiar de venta de pastura e implementos para el ganado. A los 20 años recién cumplidos Rosa, bella como su madre, pagó la factura de la herencia genética y como un certero escopetazo divino, cayó fulminada de un infarto mientras reía alegremente con amigas un domingo en el kiosco del pueblo. Teresa quiso morir también, pero su corazón contrariamente al de su esposo e hija, era fuerte y se resistió. Lo único que la mantenía viva era saber que aún tenía a Jerónimo, quien para entonces acababa de casarse y se estrenaba como padre de un hermoso bebé.

De vez en cuando Jerónimo regresaba de la capital a visitar a su madre, vivía sola de noche y de día, rodeada de servidumbre en una casona hueca, llena de recuerdos tristes como en una prisión voluntaria. Creció la familia y como burla del destino, cierto día Teresa recibió una llamada de la capital para informarle que por desgracia, su único hijo había sido descubierto muerto a causa de un paro cardiaco en un baño sauna, después de haber concluido de jugar un partido de fútbol al que era tan aficionado. Dejó a la viuda con tres huérfanos y a una madre que a ésas alturas, ya no sabía si aventarse de un precipicio o reír delirante presa de la locura. La vida es así, irónica, caprichosa, voluntariosa. Teresa vendió el negocio, cubrió los espejos de la casa con seda negra, se vistió de eterno luto y acabó recluyéndose para siempre en su palacio solitario.

Por su parte, Carmela le recordaba a Azucena el ofrecimiento de ayudarla con el asunto del embarazo, asegurándole que no tenía nada que temer, ya que esa clase de "trabajos" los realizaba regularmente con mucho éxito y se ufanaba al decir que era la mejor "espanta cigüeñas" de todos los rumbos. Le propuso que "el trabajo" se hiciera ésa misma noche y mañana, sin lugar a dudas, se encontraría perfectamente bien. Un poco temerosa la mujer encinta aceptó, si Martín se enteraba estarían en graves aprietos.

La noche hizo su debut cálida y tranquila. Juan seguía en recuperación de una herida en la pierna y muy a pesar suyo, debió guardar reposo, aunque necio insistía en estar cien por ciento bien después de la cirugía que se le practicó y de la que surgieron algunas complicaciones, tardando más de lo habitual, ya que fue difícil extraer las dos balas incrustadas en la rodilla. El equipo médico era insuficiente para atender a tanta gente, fue necesario echar mano de donadores de sangre.

Martín se mantuvo al tanto de todo, como siempre. No podía retirarse a dormir hasta asegurarse que todos los hombres permanecieran acomodados en los albergues, eran las órdenes de "El Águila". Antes de ir a la casa de su tía, le avisó a Azucena que mañana, antes de que partieran, la entregaría a Teresa, que allí habría de esperarlo hasta que él regresara de la capital para recogerla a ella, y a su hijo. Azucena se negó a pasar esa última noche con él, argumentando que no se sentía bien y doña Rosalía, cincuentona encubridora, le iba a dar unos tés y una buena *friega* de alcohol. Martín jamás imaginó lo que planeaba su mujer, así que aceptó y la besó en la frente como despedida.

Al oscurecer las calles se convertían en desierto laberinto, como pueblo fantasma, el único signo de vida que aparente eran los vigías que hacían rondas por turnos.

Juan se quedó en un hotelito que hizo también de hospital. "El Pulques" se alojó con otro grupo en la iglesia y ni ahí dejó de hacer bromas y contar chistes *colorados*.

- ¡Qué lástima, compadre! -le dijo al sombrerudo de junto- Aquí no se puede *chupar ¿verdá?*
- ¡Cómo será *cabresto*, compa! ¿no ve que está en la casa de Dios?
- ¡Ah, *chingá*! ¡¿*Ton's* los padrecitos por qué se echan su vinito?!
- Oiga ¿*pus* es *usté* ateo? –le preguntó el compadre molesto-
- ¡No, que pasó! -respondió "El Pulques" ha-

ciéndose el chistoso- ¡Yo soy meritito macho! ¡Sí señor!

"El Águila" y el grupo más grande se instalaron en un enorme granero mientras Federico, aceptó la invitación a quedarse en casa de unos campesinos. Ignacio ofreció quedarse cuidando a los enfermos en el hotel hecho hospital, no le importaba dormir en cualquier parte, inclusive en una dura banca. Las mujeres se organizaron y repartieron en casas y rancherías cercanas. Carmela esperó hasta que no hubiera nadie cerca y se llevó a Azucena a un establo.

- ¿Estás segura de que no va a pasarme nada, Carmela? -Azucena no paraba de temblar.
- Estate sosiega, niña, yo sé mi trabajo. -Carmela fue junto a unas pacas de paja- ¡Anda, ayúdame a desbaratar esto para hacer una cama!
- ¡Tengo miedo! –susurró Azucena.
- Mañana te vas a estar riendo. *Pa'* la otra te cuidas, niña, yo *a luego* te voy a enseñar cómo.
- ¿Has hecho este trabajo muchas veces?
- *Rete hartas*... ¿A poco creías que tú eras la única? Allá en mi pueblo venían a buscarme

desde lejos, y *a luego*, cuando no tenían con qué pagarme, me daban una gallina, un guajolote, un puerquito. Así me *juí* haciendo de mis animalitos.

- Carmela... ¿Y no es pecado?
- *Pos* la mera *verdá* no sé, nunca he pensado en eso. De algo tengo que vivir y esto es lo único que sé hacer.
- Yo no tengo con qué pagarte... -Azucena se buscó dentro de la blusa y sacó una cadenita con una medalla de oro y se la ofreció- Toma, sólo tengo esto.
- ¡Órale pues, niña! -Carmela agarró la medalla y se la metió en el sostén- ¿Estás lista?

Carmela puso a calentar agua en una ollita. Traía en un morral trapos, yerbas, aguardiente, un cuchillo y pomadas. Al tener todo listo ordenó a Azucena que se acostara y la hizo morder un trapo. Alumbrada por velas comenzó su trabajo.

Al amanecer el día se presagiaba espléndido, había gran movilización y de todas partes llegaba gente a afiliarse al valiente regimiento, todos querían ser partícipes de la hazaña. Ahora eran más de mil cuatrocientos, calculaba Federico. A las tres de la tarde acordaron que se encontrarían a la salida del pueblo para proseguir el camino rumbo a la capital. "El Águila" estimó que se estaban arriesgando al permanecer más tiempo ahí. También se tomó la decisión a última hora, de que Juan no debía continuar. "El Pulques" se entristeció con la noticia, pero era lo mejor para todos, las heridas en la rodilla eran de consideración y tardaría mucho tiempo en volver a caminar con normalidad, le esperaba una lenta y dolorosa recuperación. Juan no quedó conforme con la orden pero tuvo que acatarla.

Martín desconcertado buscó por todas partes a Azucena, parecía que se la había tragado la tierra. Teresa emocionada esperaba con alegría la llegada de la muchacha embarazada que habría de llevarle nuevas ilusiones a su vida, más con la llegada de un bebé. Martín optó por investigar quiénes habían estado de guardia la noche anterior y los interrogó a cada uno. Al fin, alguien le contó que ya muy tarde, vio a dos mujeres meterse a un establo que se ubicaba casi a las afueras del pueblo. Lo condujeron hasta allá.

Al llegar al establo las puertas estaban cerradas, por más que trataron de abrirlas les fue imposible, por dentro fueron atrancadas. Buscaron un lugar por donde entrar y en la parte posterior hallaron una ventana. Martín se metió con dificultad, los acompañantes hicieron lo mismo, todo era oscuridad y calma adentro. Caminaron tropezándose con pacas de paja, las vacas y los caballos se movían nerviosos por la presencia de los extraños. Hasta donde podían ver sus ojos, ni Azucena ni Carmela se veían por ninguna parte. Confundidos abrieron las puertas del establo y al hacerlo, la luz iluminó el interior por completo. A simple vista ahí sólo había animales, ni rastro de las mujeres. Cuando se disponían a marcharse, uno de los hombres asió a Martín por el hombro y lo hizo dirigir la mirada en dirección a un rincón. En él, se apreciaba el cuerpo de una mujer acostada sobre unos montones de paja y a su lado, ida, como si estuviera loca, Carmela. Martín corrió hasta ellas y se dio cuenta que Azucena estaba muerta.

- ¡Dime qué le pasó a Azucena! ¡Vieja bruja! - Martín zarandeó a la mujer como si fuera un muñeco de trapo- ¡Contéstame! ¡Qué le hiciste a mi mujer! ¡¿en dónde está mi hijo?!

No obtuvo ninguna respuesta en ese momento. Uno de los hombres agarró a Carmela del cabello y la aventó contra una pared, le dio un par de bofetadas y de la boca de la irresponsable mujer, corrieron unos hilillos de sangre.

- ¡Seguro que tú la mataste, maldita bruja!

El hombre cogió un fuete y la golpeó sin piedad rasgándole la ropa, hiriéndola cruelmente, sin piedad. Martín no podía creer que lo que pasaba. En medio de gritos de dolor, Carmela dijo la verdad.

- ¡Ya no me pegues! ¡yo no tuve la culpa! ¡ya no me pegues por amor de Dios!
- ¡Dime qué le pasó a Azucena, en dónde está mi bebé, maldita! –Martín se apartó del cuerpo de Azucena y se aferró a los hombros de la mujer desquiciada- ¡Si no quieres que te mate, dime por qué se murió mi Azucena!
- *Pos* ella no quería tener un chamaco tuyo! ¡Me pidió que la ayudara, no quería quedarse aquí, para ella el chamaco era un estorbo!… ¡yo sólo hice mi trabajo, Martincito, sólo hice lo que ella me pidió!

Martín no podía creer lo que escuchaba, ese "chamaco" era su hijo. Aunque no lo habían planeado, deseaba a ese bebé más que otra cosa en el mundo. Juró responderle a Azucena como hombre, hacerse cargo, ponerle una casita ahora que se solucionaran los problemas y regresara de la capital, soñaba tener más hijos, formar una familia, luchar por ellos, ser un buen padre y esposo. Pensó que de ser niña se llamaría Esperanza y de ser varoncito, Nicolás, como su querido amigo y compañero "El Águila". Las cosas no serían así desafortunadamente, no conocería jamás a su hijo y, lo que es peor, había perdido a su amor. Carmela se quedó en el establo llorando con la paga bien agarrada en la mano. Era su primer y último fracaso como partera improvisada.

Martín cargó en brazos a su amada y arrastrando los pies, casi sin fuerza, caminó y caminó solitario hasta llegar apartado lugar y depositó el cuerpo sobre un lecho de flores silvestres.

En el pueblo, listos a partir, la noticia causó conmoción para quienes los conocían. "El Águila", a pesar de que Martín le era imprescindible pues era además de mejor amigo, su mano derecha, le mostró apoyo inmediato y le propuso quedarse unos días al lado de Teresa. Como era de esperarse el abatido hombre no aceptó, ahora más que nunca deseaba irse de ése pueblo. Debido a lo sucedido la salida demoró dos horas más de lo acordado.

Entonces reanudaron la caminata hombres y mujeres de todas las edades. Más de mil espíritus en la misma dirección. A poca distancia del recorrido, una imagen macabra aparecía a la vuelta de una vereda. De un árbol se balanceaba un cuerpo como péndulo y por efecto de las largas enaguas, arremedaba a una blanca campana.

Felipe montado a caballo se acercó con cautela, mientras la gente aguardaba como cien metros atrás. No cabía la menor duda, era Carmela que seguramente prefirió morir que soportar la pena. Lentamente la multitud reanudó el andar: los varones se quitaron los sombreros y agacharon la cabeza al pasar junto a ella, las hembras se cubrieron el rostro y se persignaron horrorizadas. Martín… él sólo se le quedó mirando y le pidió a Dios que la perdonara.

A cada kilómetro el paisaje se tornaba diferente, gradualmente la vegetación, el color de la tierra, la geografía se modificaban. Se erguían cerros al principio verdes, poco a poco se tornaban secos. Pasaron días de peregrinación salteando pueblos, abasteciéndose, reclutando gente. Unos decidieron seguir la ruta original y otros, llegar por diferentes medios a la capital, el objetivo era arribar al núcleo del país como fuera. Hubo quienes cansados o enfermos desistieron, también algunos llenos de miedo por las historias de emboscadas, represalias y amenazas, regresaron a sus casas. Al paso de esta gigantesca movilización civil se apreciaban aisladas haciendas y los dueños, recelosos, miraban espantados a través de las ventanas. Muchas de éstas propiedades lucían casi desiertas y no falto uno que marchara y dijera: "¡Mira, yo trabajé allí!".

Rodaban las anécdotas de peones sobre cómo trabajaban sin descanso, de sol a sol, salían a relucir confidencias íntimas de la vida de los patrones y de cómo se las arreglaban para robar maíz, frijol o huevos para llevar de comer a sus familias, ya que lo que les daban de paga era una miseria, una infamia.

Ahora todo cambiaría, por eso iban a la capital a que los escucharan, a que los respetaran como trabajadores dándoles sueldos dignos, que los trataran como seres humanos y no como animales de carga. Basta ya de ser marginados.

Una hermosa mujer cortaba flores algo retirada de su hacienda, inmersa en un campo verde, frondoso, rebosante de vegetación. Tan distraída estaba que no se dio cuenta de la diminuta mancha humana que a lo lejos aparecía en el camino y que a medida que se acercaba, iba creciendo como una ola viviente. La nana llegó corriendo hasta la joven.

- ¡Niña bonita! ¡Métase porque ya vienen los bandidos ésos del dizque "movimiento"!
- Ayúdame con las flores, nana.
- ¡Pero apúrele, que su papacito está *harto* preocupado!

La muchacha y la nana corrieron lo más rápido

que pudieron, ya las estaba esperando en la casa el jefe de familia con la pistola en mano para lo que pudiera ofrecerse. Cuando faltaban unos metros para que entraran por el portón principal de la hacienda, teniendo a poca distancia a un grupo de hombres a caballo que formaban el grupo de avance, ella se detuvo de golpe y tiró las flores.

Nicolás se veía tan cambiado: los rasgos más toscos, demacrado, delgado por mal comer pero conservando el cuerpo erguido y la actitud gallarda de siempre. Se fue acercando sin querer hasta estar a un lado del caballo que se detuvo y contempló sus enormes ojos verdes que un día la enamoraron.

Ella tampoco era la misma, desde que se habían separado no sonreía como antes, tenía más años y un semblante triste producto de la amargura y la infelicidad. "El Águila" desconcertado por la actitud de la mujer, picó las costillas al caballo para reanudar el andar, no la reconoció, era tanto el tiempo sin verse, tanto haberla buscado sin suerte que jamás imaginó que Rebeca hoy, se atravesara así sin más en su camino.

- ¡Nicolás! ¡Nicolás!

Al escucharla "El Águila" jaló la rienda y paró de golpe, en seco. Conocía esa voz… Volteó el rostro y la miró, incrédulo, desmontó del caballo y sin poder creerlo dio unos pasos con la respiración agitada, el corazón y los pulmones funcionaban desorganizadamente, ahogándolo, pateándole el pecho por dentro.

- ¿Rebeca?
- Sí, Nicolás… soy yo.

Se abrazaron y lloraron ante el asombro de la gente que no se explicaba qué era lo que sucedía.

La nana, aterrada, corrió a meterse a la casa principal de la hacienda. El padre de Rebeca ya se acercaba furioso y al reconocer a Nicolás estalló en ira.

- Pensé que jamás volvería a verte, desgraciado!
- ¡Usted me la quitó una vez, pero ya no más! –respondió "El Águila" retando al rico hacendado.
- ¡Lárgate ahora mismo si no quieres que te mate! –el padre de Rebeca cortó cartucho-. Te crees muy macho con tu banda de ladrones, de alborotadores que sólo quieren fregar al país. ¡Lárgate de aquí desgraciado! ¡Para que los maten como se merecen, como perros!

Martín igualmente cortó cartucho y le apuntó directo a la cabeza. Rebeca se interpuso entre ellos decidida a todo con tal de no perder nuevamente al amor que había esperado con tanta ilusión.

- ¡No, papá!... Si Nicolás tiene que irse yo me voy con él. No te tentaste el corazón cuando me prohibiste amarlo. He sufrido mucho desde entonces y no te imaginas cuántas veces preferí morir a vivir esta vida vacía. A ti sólo te importa la opinión de los demás, el "qué dirán", nunca te has puesto a pensar en lo que siento, pero, temo decirte que aunque te amo y te respeto, esta vez no podrás cumplir tu capricho... ¡a mi vida la manejo yo desde hoy!
- Te advierto -dijo el padre amenazante-, que si pones un pie fuera de esta hacienda jamás volverás a ella, ¡para mí habrás muerto para siempre!
- ¡Adiós, papá!... si así lo quieres… ¡he muerto para ti!

Ya nada podía hacer para detenerla, se veía determinada, él, Don Carlos Liceaga, perdió el control de la vida de su hija por completo, indignado, les dio la espalda y se marchó.

¡No cabe duda que la vida está llena de sorpresas! Rebeca, sin quererlo, ahora era parte del movimiento que convulsionaba al país, que cambiaría el rumbo de la historia. El vestido de hermosos encajes almidonados y zapatos de charol resaltaba de los demás, pero decidió cambiarlos por blanca manta y huaraches, trenzó el sedoso cabello color castaño y los caros perfumes franceses, quedaron olvidados en un cajón. Ahora sólo le importaba luchar al lado del amor de su vida por un gran ideal, era mejor que vivir una vida inútil, estéril y gris como antes. Marcharía hombro con hombro con "El Águila", ya nadie podría separarlos jamás.

A partir de ahora, se perdió la cuenta de los días, la noción del tiempo y del espacio. Las rutas muchas veces se hicieron complicadas, escabrosas, casi imposibles. El fantasma del hambre los siguió sobrevolando con su capa negra de lino. La enfermedad armada con filosa hacha cortó de raíz los pasos de muchos que sucumbieron, el miedo llenó varios costales de cobardes y huyó con ellos. Pero pese a un sinfín de inconvenientes y de obstáculos, ahora nada ni nadie podrían detener el avance de la gente despierta. Era como los grandes incendios forestales: basta con una chispa que se encienda en medio de pastizales secos, sedientos de agua, olvidados, que esa chispa crecerá sin control abriéndose paso a zancadas y brazadas, hasta convertirse en un incendio pavoroso, sin control, en el que mientras se lucha por apagar una parte, por otra crece y se extiende el fuego avivado por el viento… ¡Y aquí soplaban fuertes vientos de libertad!

"A veces sentimos que lo que hacemos es tan solo una gota en el mar, pero el mar sería menos si le faltara una gota."

Madre Teresa de Calcuta

"¡ADIÓS, COMPAÑERO, ADIÓS!"

27 De Mayo

❋ ❋ ❋

A pesar de todo las cosas iban bien. En la capital dudaban que tuviera éxito el movimiento civil que ya llevaba increíblemente 4 meses avanzando sin parar, sin recursos, con boicots del gobierno, traiciones tanto internas como externas. En varias ocasiones se llegó a pensar que se darían por vencidos y no, de la nada retomaban fuerza y seguían en la lucha. El Licenciado Orduña les comunicó a sus superiores "todo estaba bajo control", jamás les hizo saber los resultados reales del fracaso de la batalla en el mes de marzo, de los demás enfrentamientos fallidos. Detrás de la sonrisa comercial y falsa del político, se escondía una real preocupación. Por su mente pasó la idea de volver a buscar a "El Águila" para "llegar a un acuerdo".

Orduña se puso en contacto con los alcaldes y caciques de los municipios por los que pasaría el líder, les encomendó la tarea de localizar al dirigente civil e informarle que deseaba tuvieran una reunión para hablar. No tardaron mucho en llegar noticias a sus oídos. Según Norberto Aguirre, presidente municipal de San Ciprián, "El Águila" arribaría a Santa María en próximos días. Orduña citó con urgencia a Gutiérrez.

- Licenciado Gutiérrez, quiero que vaya inmediatamente a Santa María y arregle un encuentro con el líder de loa alzados.
- Dudo mucho que acepte, Licenciado, la última vez que li vi quedó muy molesto.
- ¡Ese es problema suyo! No sé cómo va a hacerle pero necesito hablar con ese hombre urgentemente.

Contrariamente, las noticias que le llegaban a "El Águila" eran muy favorecedoras. Su "compañero", aquel político encumbrado con el cual se sintió tan identificado, continuaba con su campaña de limpieza del gobierno. Era una tarea sumamente peligrosa ya que estaba poniendo en riesgo su vida. No lo dejarían hacer el trabajo libremente, tarde o temprano le llenarían el camino de obstáculos.

Martín se notaba algo recuperado de la tragedia que le arrebató a mujer e hijo, y se dedicaba a recoger informes de diferentes fuentes. "El Pulques" ansiaba llegar a Santa María, aseguraba que Juan estaría allí, esperándolos para reincorporarse.

Aunque seguía bebiendo igual que siempre y teniendo mujeres a montón, no era lo mismo sin su amigo a quién gozaba hacerlo repelar, provocarlo a gastar saliva inútilmente con sermones para convencerlo de que la vida que lleva no está bien y va a terminar mal. Gracias a Juan permanecía fresco el recuerdo de su familia pues éste, no hacía más que recordársela. Federico ya dominaba un poco más los temas de política, como resultado de su tesón estaba logrando su objetivo: hacerse imprescindible para "El Águila".

Con el paso de los días Rebeca aprendió gran cantidad de cosas, como por ejemplo hacerle tortillas a Nicolás, para ella no era "El Águila", el duro líder, disciplinado y aguerrido que todos temían y respetaban. Para ella sería siempre el joven estudiante y bondadoso que ambicionaba ser un gran abogado. El muchacho que se desvivía por su madre y procuró darle siempre lo mejor. El hombre al que un día vio alejarse llorando, incapaz de destruir el muro impuesto por su padre, por la sociedad. Le lavaba su camisa, le cortaba el cabello... era su mujer.

A dos días de llegar a Santa María, Martín le informó a "El Águila" que una comisión de parte del Licenciado Orduña los esperaría para hablar. El rebelde decidió que Federico, acompañado por otros, trajera a los enviados del político al campamento. La condición era que no tendría que ser una comitiva de más de seis personas. Vendrían con los ojos vendados para que no pudieran dar con el lugar exacto en el que se encontraban entre la zona montañosa. Si querían hablar con él, ahora sería bajos su condiciones y en su territorio, sino, no aceptaba ninguna clase de diálogo.

Federico no ocultó su alegría al conocer que era el elegido para tal misión. Ignacio se apresuró a darle un amuleto al muchacho para la buena suerte.

- Toma Federico - Ignacio le puso la mano en un costalito rojo-, es *pa'* que regreses con bien.
- Gracias Ignacio, vas a ver que todo va a salir mejor de lo que pensamos.
- ¡A ver si por *ái* me *trais* unos cigarritos con filtro! –saltó "El Pulques" – Aprovechando que vas *pa'* la *ciudá.*
- También te voy a traer un trago de whisky, ya verás.
- ¡Ora pues! –y "El Pulques" se despidió dándole un fuerte abrazo.

Partieron de inmediato, serían dos días de arduo camino. Otra vez la eterna espera.

Si las cosas salían bien, en 5 días estarían de vuelta. La vigilancia se incrementó para que en el caso de que fuera una trampa, estuvieran listos para enfrentarlos.

Federico llegó a Santa María sin contratiempos e inmediatamente buscó al alcalde. Éste les hizo saber que los hombres llegados de la capital se hospedaban en el hotel La Cascada y se ofreció a asignar a un asistente para que los acompañara a la reunión o bien, concertar la entrevista en las oficinas del palacio municipal. Federico prefirió ir al hotel, lo condujo el secretario particular del presidente. Al llegar, el secretario se comunicó desde la recepción a una de las habitaciones. Al colgar, le dijo a Federico que él y sus hombres esperaran en una salita contigua. A los quince minutos aproximadamente se presentó ante ellos el Licenciado Gutiérrez con sus subalternos.

- Hola ¿cómo está? –le extendió la mano a Federico- Usted y yo ya nos conocíamos… ¿fue en Los Rosales?
- Sí, así es, iba acompañando a "El Águila".
- Por cierto, ¿en dónde está él?
- Me ha mandado decirle que si quiere hablar, tendrá usted que venir con nosotros.
- ¿A dónde?
- Al campamento.
- No lo sé… tengo que consultar con mis superiores – Gutiérrez se mostraba desconfi-

ado.
- Le advierto que no permaneceremos aquí por mucho tiempo. Mañana temprano salimos de regreso.
- En ese caso, permítame hacer una llamada –Gutiérrez hizo una seña con los ojos a uno de sus acompañantes y se retiró directo a la recepción.

El Licenciado solicitó al encargado que le marcara desde el teléfono de la oficina un número de larga distancia, ya que debido a que la zona era montañosa, se hacía difícil comunicarse por medio de los teléfonos celulares. Después de tres o cuatro intentos se logró la comunicación. El Licenciado hablaba pausado, serio, inquieto, durante los largos minutos que duró la conversación se acomodaba insistentemente el cuello de la camisa, se pasaba los dedos por el cabello, hasta que por fin colgó y fue hasta donde lo esperaban Federico y los otros.

- El Licenciado Orduña me ha dado autorización para acompañarlo. El vendrá también, llega hoy por la tarde.
- Le advierto que sólo podrán venir seis hombres, incluyéndolo a usted y a Orduña.

- ¡¿Y qué hay de nuestra seguridad?! –exclamó molesto.
- No se preocupe, no les pasará nada, tienen que confiar en nosotros.

Gutiérrez le propuso a Federico que se quedaran a pasar la noche en el hotel, él correría con los gastos. Por la noche arribó el Licenciado Orduña acompañado por un gran número de guardaespaldas. Al enterarse de que sólo podrían ir seis se preocupó, pero no le quedaba más remedio que aceptar si quería lograr algún acuerdo con "El Águila".

A la mañana siguiente salieron al ansiado encuentro, los hombres que acompañaban a Federico se encargaron de vendarles los ojos y el presidente municipal les facilitó dos jeeps, uno de ellos lo manejó Federico. En ese caso, a bordo de vehículos, llegarían más pronto de lo planeado. La mayor parte del camino sería a bordo de las camionetas, el resto, a pie, ya que el acceso era imposible de otro modo. Llegaron de noche al campamento, lucía como un enorme nacimiento plagado de lucecitas de linternas, con pequeñas fogatas en donde cientos de seres humanos tejían sueños, la esperanza los mantenía aferrados a la vida, era otro mundo.

Martín los condujo a una tienda de campaña, los sentó y les destapó los ojos. Se veían demacrados por el largo viaje y las incomodidades. "El Águila" los saludó de mano y se sentó frente a frente con Orduña.

- Me da gusto volver a verlo, Licenciado...- encendió un cigarrillo.
- A mí también, "Águila". Lo que no me explico es por qué no quiso tratar esto en Santa María, en lugar de este sitio tan... tan... -los mosquitos le rondaban la cabeza y con un aplauso se deshizo de algunos de ellos- ¡desagradable!
- Porque las cosas se van hacer ahora a mi modo, en mi territorio, con mi gente.
- Quiero ir al grano...
- Lo escucho –con una señal le ordenó a Martín que cerrara una cortina que hacía de puerta.
- Lo que me trae hasta usted, es la idea de hacer algún tipo de negociación – Orduña encendió un puro sin perder de vista la reacción de su contrario-, sí, llegar a un acuerdo... usted sabe... quizás una cantidad fuerte de dinero que compensará el tiempo que ha perdido en este asunto. Porque no podrá negarme que su "causa" es un caso per-

dido.

-

"El Águila" tiró el cigarrillo al suelo y lo pisó con fuerza, tal vez figurándose que lo que machacaba con el pie con tanto coraje, era la mismísima cabeza de Orduña, quién confianzudo y seguro continuó ofreciéndole puestos de gobierno, dinero, propiedades, le bajó el cielo y las estrellas. Mientras tanto, los que esperaban afuera ni idea tenían de lo que sucedía adentro.

- Te lo dije, compadre… –decía un tal Ramón a otro- éstos *weyes* tenían que *doblar las manitas.*
- ¡Pus sí! A lo mejor *orita* llegar a algo, nos regresamos *pa'* la casa y les damos la sorpresa mañana a nuestras viejas.
- ¡Esto se merece un brindis, *compa*! Como dirían los "rotitos".
- ¡Ándele pues, compadrito! ¡Nos lo echamos *pa'* celebrar que ya se acabó el arguende!

Mientras tanto, "El Águila" indignado no soportó seguir escuchando las ofertas absurdas de ése títere servidor a intereses mezquinos. Tajante, cortó su monólogo.

- ¿Me está proponiendo que me venda? ¿Qué salga ahora mismo y les diga a mis hombres que todo terminó? ¿Así como así? ¡No sé cómo no le da vergüenza decirme tantas estupideces! Anteriormente le hice saber que soy un hombre de palabra y como tal, cumpliré mi propósito de hacer que se nos haga justicia y no me detendré hasta lograrlo.
- No creo que esto sea motivo de disgusto entre nosotros. El problema es que usted no sabe cómo se arreglan los asuntos en las altas cúpulas, se le hace muy fácil apoyarse en un ejército de muertos de hambre, de *pata rajadas* para atemorizar al gobierno. Usted y yo sabemos de antemano que eso no sucederá jamás. Yo quiero arreglar las cosas por las buenas...
- ¡Es un cínico!
- ¡Y usted un payaso idealista! Qué le importa si estos indios no saben leer y escribir si usted puede irse a vivir a Europa con el dinero que le ofrezco, a quién le interesa lo que ganan estos jodidos, si sólo sirven para la

carga porque son unos brutos… ¡pelear por sus derechos! Entiéndalo, amigo, esa gente que está allá afuera han vivido así por generaciones, felices, con que tengan un catre, un jacal y frijoles para comer ya la hicieron en la vida… ¡y viene usted a alborotarlos con el cuento de que "tienen derechos! ¡déjelos en paz! Mire, para que vea que somos flexibles y en el gobierno existe buena voluntad, escoja a un grupo de personas, digamos unos diez, los que crea que tiene mayor influencia entre la gente y también les damos una "gratificación" a cambio de que regresen en paz a sus casas y todo resuelto.

- ¿Y como cuánto dinero me ofrece? –lo interrumpió "El Águila" simulando interés.

Al negociador se le iluminaron los ojos al creer que lo había hecho entrar en razón. Cuando Martín y Federico escucharon la pregunta de su dirigente se desconcertaron. Los de la comitiva del gobierno se miraron entre sí y soltaron risitas de satisfacción.

- Le ofrezco…-y se acercó lo más que pudo al rostro del "Águila"- una cantidad de dinero que lo harán vivir a usted y a sus colaboradores como verdaderos reyes, como nunca imaginaron, le estoy regalando un futuro asegurado de por vida.

- Además –intervino ansioso Gutiérrez-, este asunto quedaría olvidado y seguirían sus vidas como si nada hubiera pasado… ¡eso sí, con mucho dinero! ¿Qué dice?

"El Águila" se levantó pausadamente y llamó a Federico a su lado.

- Quiero que todo lo que han venido a ofrecerme… ¡se lo metan por el culo! –de una patada derribó una pequeña mesita con los portafolios de los dos licenciados- ¡Federico! Hazme el favor de llevarte a estos… a estos… ¡a estos hijos de la *chingada* fuera de mi vista!
- ¡Se va a arrepentir de esto, desgraciado muerto de hambre! ¡Rata! –replicó pálido y tembloroso Orduña.

El insurgente salió como torbellino del lugar, por los gritos los de afuera ya sabían en qué había terminado el encuentro. Los mismos que trajeron a los comisionados gubernamentales los llevaron de regreso, salieron humillados, cabizbajos. Ignacio se acercó a ofrecerle a su amigo un té, pues tenía la boca seca, amarga del coraje. De paso le hizo saber lo orgullosos que se sentían todos de él, confesándole que desde antes un presagio le había hecho saber que eso sucedería, pero que a fin de cuentas las cosas iban a estar bien. Según el indio vidente, en pocos meses sabrían si ganaban o perdían. Los augurios eran buenos.

La integridad y honestidad del "Águila" reforzaron la fe de sus compañeros. Micaela le hizo un gran ramo de flores y pidiéndole autorización a Rebeca, se lo dio acompañado de un cariñoso beso en la mejilla.

Era tiempo de continuar con la travesía, no había tiempo que perder, las diferentes movilizaciones alrededor del territorio nacional iban viento en popa, avanzando. A la llegada a Santa María dos días después, fueron recibidos con una triste noticia. El "compañero", la esperanza de todos ellos, el político ejemplar había sido asesinado en un cobarde atentado.

Según la información que recorrió el mundo, fue sorprendido por un grupo de pistoleros a la salida de su domicilio. Qué manera tan infame de arrancar la vida a un hombre valeroso, que de haber proseguido con su tarea, hubiera cambiado el rumbo del país. Jamás se resolvería el enigma de su asesinato, los pormenores serían ocultos misteriosamente, como por arte de magia. Lo que sí era evidente, es que el autor intelectual debió ser una persona poderosa, capaz de truncar fácilmente una brillante carrera y vida prometedoras, con tal de conservar el poder y el camino libre. El "compañero" tuvo que haber tocado una llaga muy profunda para ocasionar semejante reacción.

El futuro del país era incierto en esos momentos. La inestabilidad social ocasionada por el artero crimen podría traer desagradables consecuencias para todos. "El Águila" pidió un minuto de silencio en la memoria del caído, y pensó cómo le hubiera gustado conocerlo, para intercambiar ideas y planear soluciones a los problemas que a ambos les preocupaban.

Aunque las vidas de estos dos personajes habían transcurrido de manera paralela: en diferentes formas y niveles, pensaban igual. Un pensamiento que rondaba la cabeza fuertemente era: "¿cuántas vidas más se tendrán que perder, antes de alcanzar los sueños de paz, democracia y libertad universales?"

"He visto el costo social de las políticas equivocadas; y el renacer de la esperanza con las políticas correctas. Conozco los efectos devastadores de la irresponsabilidad financiera, de la indisciplina en el gasto, de las promesas sin sustento. Lo sabemos muy bien: quien al final paga la irresponsabilidad es el pueblo y lo paga con sufrimiento".

Luis Donaldo Colosio

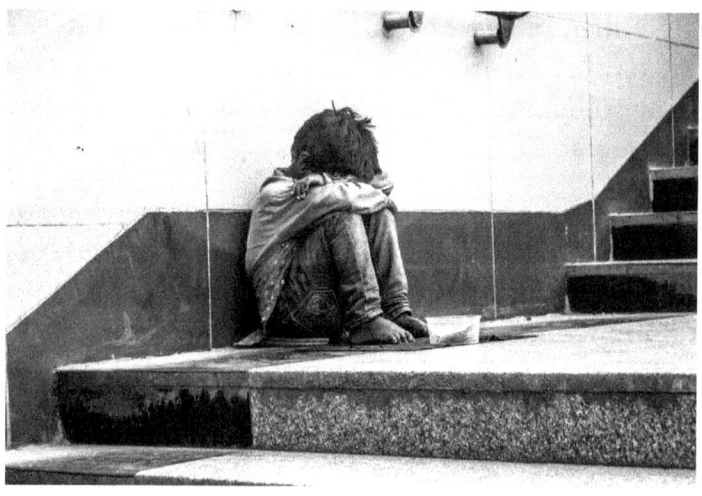

"¡EL ÚLTIMO JALÓN!"

4 De Julio

✻ ✻ ✻

Ignacio hizo una propuesta muy interesante. La guerra estaba declarada, días atrás quedaba Santa María y a pesar de que eran un contingente numeroso, harían falta muchos más hombres para tomar la capital. Entonces, sugirió que se separaran por grupos para abarcar los Estados que aún faltaban por recorrer, ya que organizaciones en todo el país ansiaban participar, pero no sabían cómo hacerlo. De esta forma se crearían más grupos insurgentes lo que facilitaría el arribo, colocándolos de manera estratégica rodeando el objetivo. Esto les daría poder, contundencia. "El Águila" no dio una respuesta inmediata, prometió pensarlo.

Efectivamente Juan se reintegró a la marcha pero no había quedado bien de la operación, le costaba doblar la rodilla y cojeaba visiblemente. "El Pulques" lo bautizó con el sobrenombre de "El Inmortal", que porque nunca *iba a estirar la pata*. A Juan no le pareció muy gracioso al principio, pero después comprendió que no tendría otro remedio que aceptar su nueva condición.

El vacío dejado por Cristóbal era grande. La armónica sonaba diferente sin su sentimiento, extrañaba sus labios delgados, la barba blanca, sus manos viejas hartas de acariciar, de domar caballos, de trabajar la tierra. Él era quién le daba diferente sentido a las fogatas, a ésas veladas nostálgicas y bohemias. Aunque el cuerpo del anciano no existía más, su alma iba de la mano de cada uno de ésos hombres. Rebeca conocía muchas historias sobre Cristóbal y pensaba que de haberlo conocido, habrían simpatizado. ¡Cuántas pérdidas se contaban ya, y cuántas faltaban aún!

Martín, a solas, lloraba la ausencia de Azucena. Recordaba con tristeza aquel día que con la ayuda de Micaela la sorprendió en la selva, en cómo se defendía y la forma en que cedió a su amor. "¡Qué tiempos de tanta felicidad!" –pensaba Martín. Si hubiera adivinado lo que pasaría, jamás se le hubiese acercado.

Extrañamente cada uno inició un repaso detallado de su vida; como aquél que agoniza y la ve pasar como en una película, como un presagio de su inminente muerte.

"El Águila" reunió a los casi dos mil hombres y mujeres que ya eran para entonces. Llegó a la conclusión de que la propuesta de Ignacio era buena, pero antes de llevar a cabo alguna acción, pidió la opinión de los representantes de las varias secciones o sub grupos en los que se habían organizado para llevar un mejor control interno. Les expuso paso a paso lo que harían y a final de cuentas, fue aprobado el plan. Ahí, como un gran pastel, se dividieron para partir en diferentes direcciones. La fecha para reunirse finalmente sería el 16 de agosto, el lugar: el cerro de Las Truchas.

Mañana partirían muy temprano, era el fin del gran campamento, ahora como una barredora habrían de peinar el territorio entero, como el campesino que recoge los frutos de lo sembrado. La última noche juntos como grupo, tal cual, como gigante, como el niño que se vuelve adolescente y extiende las alas para volar alto. La última noche de aguardiente arrebatado del compañero en las gigantescas tertulias nocturnas, la imagen de "El Águila" sólo sería para muchos un aliciente desde ahora, tendrían que seguir solos... ¡hasta el 16 de agosto!

La neblina de la mañana que se despereza era fría, las gotitas de escarcha crujían bajo los pies, miles de ellos, que entumidos por la helada, se apuraban a empacar para partir. Los caballos sacaban por las narices el vapor caliente de sus pulmones, como si fueran locomotoras. Los burros molestos por el abuso, rebuznaban enfadados con cajas y bultos sobre el peludo lomo, panzones, de flequillo alborotado como *escuincles* traviesos. Como el agua de los ríos que se desborda en la crecida, se diseminaron por caminitos y veredas, las mujeres mostraron sin enfado las lágrimas del adiós y ellos, las disimularon con palmadas en la espalda y abrazos toscos y efusivos.

Las semanas se hilvanaron una a una con estambre transparente, como el hilo de seda con el que las arañas tejen sus telarañas, el rastro de los rebeldes soñadores se diseminó como el polen en primavera. Todos supieron de ellos y nadie pudo detenerlos. Fueron dejando rastro a través de kilómetros y kilómetros andados, las risas y las penas quedaron sembradas en la tierra, junto con los recuerdos… ¡cuánto camino andado!

"La mayoría de los seres humanos, son como hojas que caen de los árboles, que vuelan y revolotean por el aire, vacilan y por último se precipitan en el suelo. Otros, por el contrario, casi son como estrellas; siguen su camino fijo, ningún viento los alcanza, pues llevan en su interior su ley y su meta."

Buda

ANA SALAZAR CABARCOS

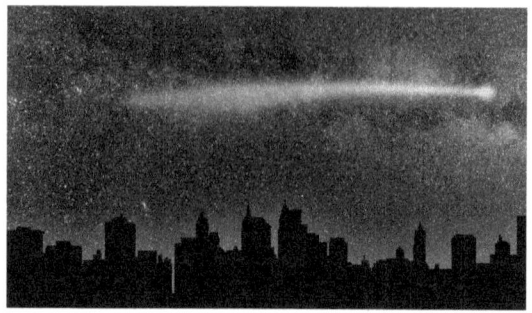

"CAMPANADAS EN EL CERRO DE LAS TRUCHAS"

16 De Agosto

✻ ✻ ✻

En los cerros circundantes a la capital, repletos de verdes y aromáticos pinos, los espacios fueron llenados por hombres sombrerudos y mujeres de largas y negras trenzas que no paraban de llegar en nutridos grupos. Enarbolaban estandartes con las insignias de sus pueblos de origen, con orgullo, como si fueran peregrinos llenos de fervor.

Los contingentes provenientes de todo el país, eran una especie de nubes negras de las que presagian potentes tormentas, se acercaban como briznas de hierro atraídas por el imán de "El Águila". Él fue el primero en llegar y allí, a sus pies, se extendía bella la capital, el corazón de la patria, majestuosa, imponente. Cómo olvidar aquellos días de febrero en la selva cálida, con la incertidumbre zumbando, golpeando las sienes, cuántos murieron durante la osada aventura y esté día quedó sólo como una ilusión. En la selva se quedaron las canciones colgadas junto a los cocos de las palmeras, en los valles el susurro de sus voces se sigue oyendo cuando el viento sopla fuerte y agita los pastos, los laberintos montañosos guardan los amores secretos, aprisionan entre las piedras los pecados, dejándolos como fósiles. El agua del río se quedó con un dulce sabor, con el reflejo de las caras estancadas para siempre. Las luciérnagas buscan a su madre linterna, todo volvió a ser absoluta oscuridad en los desiertos, en las cañadas y manglares.

El futuro estaba allá, cuesta abajo, en donde reposa la gran urbe desprovista del color de la vida; de traje gris burocrático, con arterias de concreto y zapatos de plástico. Ni asomo del verde de los magueyes, del amarillo y rojo de las flores silvestres, del café marrón de la tierra; madre bendita, ni la transparencia de los ríos y los lagos.

En la capital se disponía de sus vidas, la incubadora de los proyectos y las leyes de la nación, que por lo regular sólo privilegian a unos cuantos y que desconocen lo que se vive más allá de sus fronteras, y si lo saben, lo ignoran con disimulo. A simple vista semejaba una laguna de aguas tranquilas, pero en el fondo, acechaban el peligro y las alimañas.

Millones de personas cansadas no sólo del cuerpo, sino del alma, esperaban una señal para incorporarse a la lucha. Como en las historias épicas, el líder esperaba pacientemente heroico ver a sus batallones ubicados, como una cadena humana alrededor de aquello tan inmenso. El gobierno mandó a su ejército formar una muralla para impedir que entraran. Los helicópteros amenazantes se acercaban volando bajo para asustarlos, entonces los caballos relinchaban y se levantaban en dos patas, eran como sierras eléctricas dispuestas a cortar cabezas.

Los grupos siguieron llegando a la cita, incontenibles, miles y miles de almas se entretejían en el cielo formando una red compacta por la que no podía escapar ni un suspiro. En esos momentos de tensa espera la imaginación de cada uno se echó a volar como rehilete víctima del viento. Federico se imaginó médico, llevando una vida productiva y agradecido para siempre con la sociedad por haberlo ayudado a cumplir su sueño, pero sobre todo, feliz por haber contado con la amistad y los buenos consejos de su amigo… "El Águila".

Juan se ilusionó al pensar en su amada familia, haciendo de sus hijos hombres de bien, patriotas, con su esposa a la que echaba tanto de menos. "El Pulques" por su parte, regresaría al lado de su esposa e hijos, jurando darles todo el amor y el cariño que hasta entonces les había negado. Martín seguiría al lado de su amigo, seguramente este era el principio de una gran trayectoria en la lucha política y social. En su mente no existía futuro, sólo el presente. Además, él no tenía por quién regresar.

"El Águila" sacó la cruz que guardaba dentro de su camisa y la besó, le dio gracias a Dios por haberle permitido culminar su misión, y agradeció también el haber encontrado a Rebeca, el amor de su vida. Ella era como su sombra y estaba decidida a morir si fuera preciso, al lado de Nicolás.

El cielo se tiñó de rojo atardecer, el viento comenzó a soplar muy fuerte. Ignacio inexplicablemente se puso a llorar, "El Águila" se le acercó y lo tomó de las manos.

- Muchas gracias por haberme hecho vivir los momentos más importantes de mi vida... *ora* tengo que juntarme con Cristobalito allá en el cielo. Pero no se preocupe su *mercé,* yo lo cuidaré *pa'* siempre. Arriba va a ser más fácil enterarme de las cosas, yo le iré avisando... ¡adiós, mi "Águila"! ¡Adiós, patrón!

"El Águila" quedó estupefacto, no entendía lo que significaba la despedida del indio, trató de pedirle más explicaciones pero antes de que pudiera decirle algo, Ignacio se marchó en busca de Micaela, quien permanecía asustada entre un grupo de mujeres. El hombre la llamó.

- Micaela, vengo a despedirme…
- ¡¿*Pos* cómo que ya te vas?!
- Un día te dije que tenía que cumplir una promesa, ese día ha llegado. Adiós Micaela, *quero* que sepas que siempre te he querido…
- ¡No me dejes, Ignacio! ¡Yo también te quiero! ¡Llévame contigo! –la pobre mujer se le aferró a la camisa de manta.
- ¡Déjame, mujer!… ¡tú te mereces un hombre que te *quera*, que te cuide! –Ignacio se zafó y se marchó a prisa dejándola en un mar de lágrimas.
- ¡No me dejes! ¡No te vayas!

Ignacio presuroso se dirigió a la cima de una lomita que daba a una barranca, no oyó razones ni el llamado del "Águila" que a gritos le pedía que volviera. Rebeca llevada por un mal presentimiento corrió a alcanzarlo… todo fue inútil.

- ¡*Ora* ya puedes llevarme, parca! ¡Tú *cumplites*, yo te cumplo! *Respetates* la vida del hombre que te pedí, *ora* llévate la mía, que te pertenece… ¡*Pa'* luego es tarde!

El resultado de su imploración fue una centella deslumbrante rematada con un estruendo, aterrador, irreal, que fulminó a Ignacio dejándolo tendido sin vida. Cuando Rebeca llegó corriendo ya no había nada que hacer, Micaela, jadeante, se postró ante el cuerpo calcinado, llorando a gritos y cubriéndose la cara con el rebozo para ahogar su pena.

"El Águila", sin perder el aplomo, con el corazón partido por la pérdida de un amigo más, apretó los dientes de impotencia y con el dedo puesto en el gatillo, puso en alto la mano y soltó un disparo que rasgó el cielo partiéndolo en dos. Era la señal esperada por las turbas para iniciar una guerra fratricida. Como avalancha rodaron hacia la ciudad, haciendo retumbar el suelo a su paso, desgarrando a la tierra de dolor. Las bayonetas por un lado, los machetes del otro, las metralletas contra las pistolas viejas pero asesinas también, mancillaron los cuerpos, como eufóricos pinceles los cuchillos pintarrajeaban de rojo brillante la piel cobriza tanto de soldados como de alzados. Los cañonazos y las balas de todos calibres cruzaban el atardecer silbando melodías siniestras, estallando los proyectiles en el cielo como juegos de artificio, de ésos que se queman en las fiestas patrias.

La masacre llegó a las calles céntricas que se transformaron en ríos de sangre. Huyó la compasión, se acabaron las razones. La ciudad se convirtió en una hoguera humeante, en un volcán en erupción cuya lava arrasa y funde. Era el infierno, los gritos y lamentos estremecían, era Pompeya muriendo bajo el poder del Vesubio…

Después de días de guerra lloró Dios y llegó la calma, el llanto vino de los cielos en forma de lluvia torrencial, las brasas se convirtieron en cenizas. Todos los que fueron capaces de esgrimir un arma murieron, absolutamente todos, por eso, sólo los niños sobrevivieron. Después de la lluvia brotaron como pequeñas flores de abajo de las faldas de sus inertes madres, emergieron de las coladeras que les sirvieron de refugio, de las azoteas, de debajo de las camas, de adentro de los roperos. Como pudieron, los pequeños enterraron a los muertos sacrificados por defender sus diferentes ideales; unos defendiendo a la justicia, buscando brindarles a ellos un futuro digno, mejor y los otros, aferrados al poder, ciegos de egoísmo y avaricia. A la par les rezaron porque los niños nacen buenos y nobles por naturaleza, grandes extensiones de campo se convirtieron en cementerio y a las tumbas las cubrieron con rosas, margaritas y crisantemos.

Cada hombre y mujer que iniciaron la travesía desde la húmeda selva durante largos meses, fueron valiosas semillas de esperanza que hoy, germinan en el interior de los niños sobrevivientes, quienes juraron contarse esta historia de generación en generación para que no vuelva a repetirse jamás. Mientras haya niños que sobrevivan a las guerras... ¡habrá una esperanza de paz sobre la tierra!

- "Águila", ¿esto es el fin?
- No... -contestó una voz desde las alturas- ¡esto es el principio!

La injusticia, la miseria y la opresión no discriminan: no respetan razas, edades, ni religión... son universales.Dedico mis oraciones para quienes han perdido la vida en la búsqueda de la dignidad humanas.

Ana Salazar Cabarcos

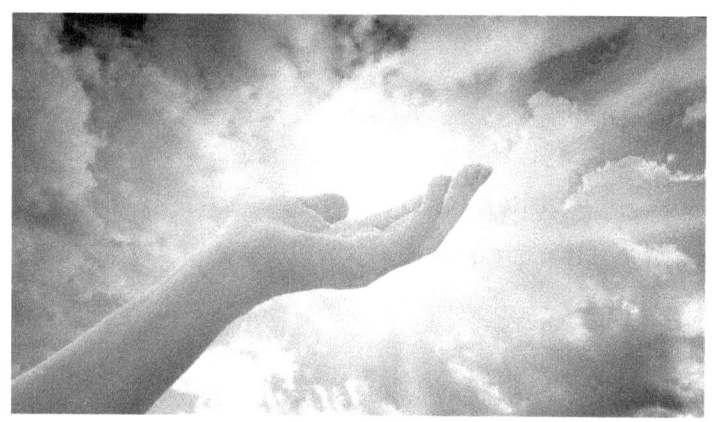

Fin

www.ingramcontent.com/pod-product-compliance
Lightning Source LLC
Chambersburg PA
CBHW051644170526
45167CB00001B/324